Du même auteur

La Sentinelle aveugle,
Grasset, 1978 (rééd. LGF, 1988)

Nomades sans tribu,
Fayard, 1981

En désespoir de cause,
Plon, 1987

La Nostalge,
Michel Lafon, 2001.

Ouvrage publié sous la direction de Henry-Jean Servat

ISBN : 2-84228-114-4
N° d'éditeur : 110
© Éditions Le Pré aux Clercs, 2002.

Retrouvez-nous sur Internet www.lepreauxclercs.com

Robert Hossein

T et *Lumières* *Ténèbres*

Propos recueillis par
Véronique LESUEUR-CHALMET

LE PRÉ
AUX CLERCS

Sommaire

Sommaire

PREMIÈRE PARTIE

L'ŒUVRE DE DIEU, LA PART DU DIABLE

Introduction

Je n'ai pas trouvé immédiatement la voie qui devait me mener à Dieu. J'ai tâtonné, hésité, tergiversé. J'avais peur de ce qui m'attendait au tournant du chemin.

Pendant des années, j'ai voulu faire taire l'enfant qui continuait de vivre en moi, de voir ce que je ne voyais plus, de discerner une Présence que je ne voulais pas admettre. Pendant des années je me suis fourvoyé, rêvant de gloire et de richesse. Comme je l'ai dit et répété souvent, « cette liberté-là n'était pas la bonne ». Heureusement, certaines rencontres, certaines amitiés et certains événements m'ont peu à peu réconcilié avec moi-même, avec la foi qui me nourrit depuis ma naissance et que j'avais stupidement voulu laisser de côté. Mais on ne peut pas bien longtemps faire abstraction de telles choses, rester muet, sourd et aveugle aux douleurs et à la beauté du monde, lorsqu'on a eu, comme moi, la grâce de naître mystique. Je suis un Slave mystique : c'est quasiment un pléonasme ! Le surnaturel, au sens le plus strict et le plus noble du terme, a toujours fait partie de ma vie. Je crois aux symboles, aux visions, aux intuitions, aux signes. Je crois presque à tout, sauf au hasard. Je crois que toute notre existence a un sens. Je crois en Dieu et je crois aussi que le diable existe. Je suis convaincu que nous louvoyons de l'Un à l'autre, maladroits et inconsciemment troublés par ces deux puissances qui ne cessent de s'affronter. Je crains Dieu et le diable.

Je sais que l'œuvre de Dieu se manifeste en nous, se révèle dans l'humanité tout entière.

Je sais que le diable réclame sa part, prêt à tendre ses pièges dès que nous faisons preuve de faiblesse, de lâcheté ou d'injustice.

Le bâtard de Dieu

*L*e destin plonge ses racines dans l'enfance. Nous avons beau grandir, nous agiter, bouffer, baiser, aimer ou même voyager pour donner le change, ça n'empêche rien. On ne se débarrasse jamais de son enfance. C'est à ce moment-là que tout se construit et se détermine, qu'on forge sa forteresse intérieure. C'est peut-être même, de toute sa vie, le moment où l'on se connaît le mieux, sachant instinctivement qui l'on est. On n'y réfléchit pas, parce qu'on est dans la vie. On *est* la vie. Au plus près de Dieu, souvent sans le savoir.

Je suis né le 30 décembre 1927. Mon père, persan, et ma mère, russe, s'étaient rencontrés quelques années auparavant, à Berlin. Je ne sais si j'ai été un enfant désiré, mais j'étais certainement le fruit d'un très bel amour nomade.

Mon père a vu le jour à Samarcande, dont le seul nom évoque les fastes de l'Orient, avec ses mille et une splendeurs. Avant de parvenir en Occident, son chemin a été jalonné de bien des épreuves et de nombreux déchirements. Il en a gardé un caractère introverti, secret, parlant peu et usant souvent de paraboles pour exprimer avec pudeur les sentiments les plus délicats, les émotions les plus puissantes. Sans doute avait-il subi l'influence de son grand-père, un grand poète, qui lui avait déclaré, alors qu'il était mourant et l'avait fait appeler à son chevet : « Aminolah, c'est par toi que viendra la Lumière ! » Puis le vieil homme s'était éteint, laissant le jeune Aminolah méditer sur ces mots sibyllins…

Je crois que mon père a cherché cette illumination toute

sa vie durant. Peut-être cette étrange prophétie l'a-t-elle aidé à faire le choix le plus important de sa vie : abandonner ses études de médecine pour se consacrer à la musique. Il voulait devenir compositeur. Son nom est aujourd'hui célèbre dans le monde entier et particulièrement honoré en Iran. Il a effectivement apporté beaucoup de lumière dans le cœur de tous ceux qui ont entendu ses compositions et reconnu leur inspiration sacrée.

Pendant des années, il a cru que je porterais ce mystérieux flambeau, que je serais le Prométhée de cette légende familiale.

Pas plus que lui, je ne sais ce que représente véritablement cette mythique lumière. Évidemment, je ne peux m'empêcher de penser au culte de mes ancêtres, le zoroastrisme. Cette religion originaire du nord de l'Inde s'est propagée voici plus de quatre mille ans dans les steppes du sud de la Russie et dans toute la plaine de l'Indus et du Gange : bref, d'un bout à l'autre du monde « civilisé » d'alors. Mais c'est un prophète iranien qui a donné tout son sens, il y a plus de trois mille ans, à cette tradition.

Il s'appelait Zarathoustra. Zoroastre, pour les Grecs.

Cet homme était convaincu qu'au terme de leur duel immémorial, le bien finirait par triompher du mal. À une seule condition : que chaque être humain s'efforce de s'engager personnellement dans ce combat. Il croyait que le salut de l'humanité tout entière passait par cette démarche individuelle. À l'époque, c'était une idée totalement révolutionnaire, car dans aucune autre religion n'était évoquée la possibilité d'une amélioration du sort de tous les hommes, sans considération de caste ou de richesse matérielle. Zarathoustra a donc été le premier à penser qu'il pouvait exister une issue, une fin à cette lutte de toujours, un paradis ouvert à tous les hommes de bonne volonté. Il avait foi en Ahura Mazda, le dieu de lumière, le feu rédempteur. Pourtant, cette belle et généreuse idée n'a remporté qu'un succès très limité dans la Perse d'alors. Elle fut récupérée, deux siècles plus tard, par une petite secte encore inconnue : celles des esséniens... Deux ou trois cents ans plus tard, l'un des leurs, un autre prophète, prolongeait le credo des zoroastriens et en intégrait certains éléments à son propre message.

Il s'appelait Jésus. Il est la Lumière du monde... pour les Chrétiens.

Moi, je ne fais que parler de lui, à ma manière.

J'ai vécu longtemps sans connaître cette histoire de filiation religieuse. Ni mon père ni ma mère n'ont cherché à me transmettre leurs convictions ou à m'influencer avec leur expérience, dans ce domaine ou dans un autre. J'ai évolué librement.

Depuis, j'ai lu le Coran – beau et lumineux comme les Évangiles. Saadi et Omar Khayyam ont également occupé mon cœur et ma pensée...

Mon père était trop absorbé par son art, et ma mère lui était entièrement dévouée. Cette femme très belle, passionnée, gaie, excessive et talentueuse, est née à Kiev. Son père, banquier, protégeait des étudiants qui allèrent, par la suite, rejoindre Lénine. Avant de rencontrer son futur mari, elle fut actrice de cinéma et devint la vedette de nombreux films en Allemagne et en France. Après son mariage, elle abandonna cette carrière pour des raisons personnelles, peut-être lasse de ce milieu parfois peu recommandable. Surtout, elle encouragea son époux à écrire, elle l'aida à devenir le compositeur qu'il rêvait d'être, elle lui permit de se consacrer entièrement à la création. Ils s'installèrent à Paris, ils étaient très jeunes et très pauvres, mariés contre la volonté de leurs parents. Mais leur union s'est révélée très harmonieuse, ils ont su cheminer et se construire ensemble, d'une manière que j'admire absolument.

Un enfant n'avait guère sa place au milieu de ce couple : manque de temps, manque d'argent. Comme ils étaient très démunis, ils m'ont placé très tôt en pensionnat, voulant ainsi m'assurer le gîte, le couvert, l'éducation et l'attention qu'ils ne pouvaient pas me prodiguer eux-mêmes. J'ai bien entendu souffert de leur absence, mais pas de leur manque d'amour. Mon père ne m'a jamais embrassé et je ne l'ai jamais appelé « papa ». Il me fascinait et m'impressionnait beaucoup, tandis que je lui inspirais une tendresse dont je n'ai eu conscience qu'une fois parvenu à l'âge adulte. Les apparences jouaient contre lui : élégant, taciturne, hypersensible... Sa musique était son seul véritable langage et il courait le cachet pour essayer d'en vivre. Quant à ma mère, elle était trop occupée à tenter de joindre les deux bouts, livrant toute la journée des chapeaux à domicile et se chargeant des essayages pour la modiste qui l'employait.

Je les rejoignais parfois, dans la soupente exiguë ou la chambre de bonne qui leur servait de logis, mais jamais pour très longtemps : je repartais presque aussitôt pour une nouvelle pension. Il faut préciser que je changeais plus souvent qu'à mon tour de lieu de villégiature ! J'ai mis un petit moment à comprendre la raison de ces multiples déménagements. C'était pourtant assez simple : mes parents me changeaient d'école lorsqu'ils ne pouvaient plus payer l'établissement qui m'abritait et que le directeur, lassé d'attendre un dû qui n'arrivait jamais, décidait de me renvoyer. Ils ont réussi à tenir des années comme ça, en recommençant le même manège chaque fois qu'il le fallait. À force, j'ai vu pas mal de pays ! J'ai fait vingt-cinq pensionnats, à Meudon, Chatou, Clamart, Verrières ou Versailles. Car j'avais quand même le droit de choisir :

la campagne ou la ville, aux alentours de Paris. J'optais invariablement pour la campagne, qui permettait à mon imaginaire de s'épanouir en toute quiétude. J'étais aussi libre qu'on peut l'être en cet âge tendre, car personne ne songeait à me brimer, à me dresser ou à m'imposer des interdits. Mes parents tenaient trop à leur propre liberté pour me contraindre à quoi que ce fût. Ils vivaient en marginaux et moi, je me rêvais en petit sauvage courant les steppes enneigées sur les traces de mes frères loups...

J'ai toujours vécu dans une sorte d'univers parallèle, sinon dans un état second, recréant le monde autour de moi, me le réappropriant sans cesse. Je ne m'y suis jamais adapté, c'est plutôt lui qui s'est fait à moi, grâce au prisme de mon imagination. Je crois bien que je ne sais pas ce qu'est le réel ! En tout cas, ma réalité est différente de celle de la plupart des gens. C'est probablement cela qu'on appelle la spiritualité : cette capacité à voir au-delà des choses et des êtres, à décrypter le monde entre les lignes, à reconnaître ce qui se cache sous les apparences. Tous les enfants possèdent ce don. Ils l'oublient en grandissant. Je crois – pour mon bonheur ou mon malheur, selon les jours... – l'avoir conservé. Je suis toujours capable de m'émerveiller pour un rien, pour un bourgeon en train d'éclore ou un coucher de soleil. Je peux aussi bien m'épouvanter, pleurer à la vue d'un mendiant dormant dans un carton sur une bouche d'égout fumante ou d'une vieille femme faisant la manche dans la rue.

J'aime ce monde autant qu'il me terrorise.

J'ai gardé ce caractère paroxystique qui me distinguait déjà dans l'enfance. Tout s'est joué à ce moment-là, quand je grimpais aux arbres pour observer l'horizon, m'installant dans les ramures pour bouffer un cornichon aigredoux ou une tranche de pain noir. J'oubliais tout, le nez au vent, c'était déjà l'aventure, les périples fantasmatiques en terres inconnues, des épopées que personne ne pouvait soupçonner. J'étais un pirate, un Robinson, un conquérant de l'impossible, un héros aussi puissant que ceux auxquels j'aimerais tant m'identifier au cinéma ou au théâtre, quelques années plus tard. Confortablement assis dans les branches, je prenais de la hauteur par rapport à mes semblables, jeune baron perché au cœur débordant de curiosité.

J'étais déjà un solitaire parmi les miens, ce qui se révèle beaucoup moins drôle.

Je n'apprenais pas grand-chose en classe : difficile de se concentrer quand on passe ses jeunes années à être transbahuté d'un bord et de l'autre. En outre, l'enseignement n'était pas toujours des plus fameux, et je n'étais pas non plus assez discipliné pour m'y soumettre. J'apprenais beaucoup plus au cœur des frondaisons, à bêcher ou désherber le potager du directeur quand il croyait me punir pour une quelconque connerie. J'adorais le contact avec l'humus, j'y trouvais une vitalité essentielle. Intuitivement, je percevais l'importance de « cultiver son jardin » ! On est souvent aussi philosophe que ce brave Monsieur Jourdain se découvrit poète… J'ai fait mes humanités au contact de la nature. Je suis un être primitif. Certainement pas un intellectuel. Je n'analyse pas, je ressens. Je me préoccupe de ce qui est, de ce qui frissonne, vibre, pousse, évolue. La réflexion, c'est pas mon truc ! Trop froid pour moi… Je préfère la vérité de l'émotion, la chaleur des sensations, l'excitation de la découverte.

Les couleurs, les parfums, les sons ont éveillé mes sens, nourri mon esprit, donné du sens à mon existence. Des milliards d'images se sont imprimées en moi, ont forgé mes goûts et ma personnalité. Le bruit du vent, l'odeur de la terre mouillée après la pluie, les accents magiques de la musique de mon père, la chaleur d'un samovar, la saveur des gâteaux russes au fromage blanc et aux raisins de Smyrne, l'éclat de voix s'exprimant dans des langues différentes, et même l'orage, qui suscite toujours chez moi une terreur viscérale et complètement irrationnelle...

Le dimanche, ma mère venait quelquefois me chercher pour la journée. Elle me ramenait à Paris pour une escapade au Palais Berlitz, où ma grand-mère maternelle tenait un « comptoir de thé », un stand où se retrouvaient d'autres Russes en exil pour une halte nostalgique. Nous dégustions des pâtisseries nappées de sucre rose en buvant des tasses fumantes de thé au jasmin. L'air embaumait la cannelle, les conversations allaient bon train, on s'enquérait des absents, on prenait des nouvelles du pays, de la famille. Je retrouvais mes origines slaves, un peu de mon identité d'errant. Il est essentiel de savoir d'où l'on vient, faute de savoir où l'on va !

Je revois avec précision tous ces moments, j'ai retenu avec précision tout ce que je devais apprendre d'eux. J'étais une toile vierge sur laquelle la vie s'est peinte elle-même, à grands traits, sans aucun académisme.

Mes seuls repères demeuraient mes sensations, dans cette existence où ni moi ni mes parents n'avions de port d'attache. Il fallait apprendre à s'adapter rapidement, repartir de zéro chaque fois que cela devenait nécessaire. Comme eux, je suis vagabond dans l'âme. C'est un grand privilège que je souhaiterais avoir transmis à mes propres enfants. Tout peut advenir, le pire peut vous frapper, quand on a la faculté de savoir changer, on peut s'en remettre.

Grâce à ces perceptions exacerbées, j'ai également pris l'habitude de voir des choses qui restent invisibles pour d'autres. Des choses qu'on juge indignes d'intérêt, négligeables ou insignifiantes, et qu'on finit par ne plus même apercevoir.

Je suis réceptif à ce que les autres ne comprennent plus. Aujourd'hui, c'est ce que je qualifie parfois de *visions*. Leur origine remonte à mes plus lointains souvenirs. En tout cas, je trouvais cela parfaitement normal quand j'étais enfant, c'était complètement intégré à ma conception de l'existence.

Pour moi, rien n'était religieux, parce que tout était sacré.

Je n'ai pas reçu d'éducation religieuse, mais j'ai assisté à de multiples rituels. Dans les pensions où je vivais, je me suis frotté à des confessions différentes : catholique, protestante ou orthodoxe. Je suivais le mouvement, j'allais à l'église qu'on m'indiquait, on me mettait à toutes les sauces... je servais même la messe ! Je n'y comprenais pas grand-chose, je trouvais simplement le culte catholique un peu moins austère que le protestant. Je me disais tout de même : c'est Dieu qui change de costard ! Mais ça doit toujours signifier la même chose, parce que chacun prie, regarde le ciel avec la même ferveur... Peu à peu, j'ai acquis la conviction que les uns et les autres percevaient et interprétaient le sacré d'une façon différente, avec plus ou moins de faste et de solennité, mais que derrière cette façade s'exprimait la même foi.

On m'inscrivait quand même de préférence dans des pensionnats peuplés de Russes blancs. Ainsi, je gardais un lien avec mes origines. Je m'y sentais effectivement très bien, car j'adorais l'ambiance de phalanstère slave qui y régnait, son côté société secrète : nous parlions le russe et nos maîtres nous incitaient à prier pour le retour de la monarchie, tout en râlant contre la « peste bolchevique »... Le passé ressuscité, au sein de ces bastions pour exilés, s'appuyait évidemment sur le rite orthodoxe, avec ses ors et son faste. Le gosse malingre, nerveux et pâle que j'étais se laissait fasciner par ces messes grandioses, orchestrées par des popes ventripotents à la barbe de patriarche qui brandissaient des calices d'argent incrustés de pierres précieuses ; je ne pouvais détacher mon regard de celui des icônes, éclairées par la lumière multicolore des vitraux ; je m'enivrais de l'odeur entêtante de l'encens... Agenouillé pendant des heures parmi les autres gamins, je me pliais à cet incroyable cérémonial, je participais à la communion, je célébrais la résurrection, je me joignais au chœur... sans parvenir à y croire vraiment.

J'attendais, encore et encore, que le Saint-Esprit se manifeste, qu'il se fraie un chemin parmi toutes ces dorures et cette mise en scène. En vain.

Je restais dans l'attente de Dieu.

Je vivais dans l'espoir de Dieu.

Au lieu de le trouver, j'apprenais le théâtre.

Car il ne s'agissait finalement pas d'autre chose : un simulacre. En tout cas, en ce qui me concernait. J'avais l'impression que ces offices servaient davantage à perpétuer la tradition qu'à porter l'âme aux nues ! Le prêtre m'en apportait d'ailleurs la preuve car invariablement, pendant la messe, il prononçait les paroles rituelles : « Que les catéchumènes sortent ! »... Évidemment, personne ne quittait la chapelle. Seuls les baptisés, ceux qui avaient été officiellement accueillis par l'Église, ceux qui faisaient partie des croyants et étaient reconnus comme tels auraient dû rester. Mais non ! Je n'avais pas reçu ce sacrement et je demeurais quand même au milieu des autres, devant l'autel, attendant patiemment que le spectacle s'achève. Les paroles du prêtre restaient lettre morte... pour cela comme pour le reste, j'en étais convaincu.

C'est pourquoi j'attendais, continuant malgré moi à espérer.

La plupart des popes redevenaient humains – plus qu'humains ! – lorsqu'ils ôtaient leurs habits sacerdotaux.

Derrière l'ornementation religieuse se cachaient des types qui aimaient souvent s'enivrer et bâfrer sans modération. Ils sentaient en permanence le vin et l'encens, les odeurs restaient accrochées dans leurs barbes blanches, comme agrippées dans les plis de leurs longues robes noires. Et ils aimaient à nous gratifier de baisers humides sur la bouche, plus souvent qu'il n'était opportun : la coutume le permettait, mais quand même !...

Bref, j'ai appris à faire la distinction entre le divin et l'humain, le message religieux et la parole sacrée. Cela m'a sans doute évité bien des déconvenues... J'ai gagné du temps et perdu toute naïveté.

Je crois m'être imprégné de l'essentiel, comme mes parents avant moi. Ils n'accordaient aucune importance à ma formation religieuse, alors que toute leur vie était pleine de ce mysticisme propre au peuple slave. Je suis certain que nous venons au monde avec cette fièvre spirituelle qui caractérise notre peuple : dans les pires moments de notre histoire, nous avons toujours prié, pratiqué notre foi d'une manière ou d'une autre, y compris lorsque c'était interdit. Être slave, c'est nécessairement être mystique ! C'est dans nos gènes, dans notre cœur, dans nos coutumes... Nous haïssons aussi fort que nous aimons. Nous sommes excessifs et exaltés, parce que nous vouons un culte sans limites à la vie et à Celui qui en est l'origine.

Ni mes parents ni moi ne nous sommes jamais attardés sur les sermons ou autres simagrées. Ils n'ont jamais exhibé leur foi, parce qu'ils la vivaient naturellement, au quotidien. Lorsqu'un ami partait en voyage, on s'asseyait un moment avec lui, puis on le saluait d'un « Dieu te garde ! » qui n'avait rien d'une formule. C'était vrai et sincère. Je n'en étais même pas conscient.

Ils ont voulu me laisser libre de tous mes engagements,

y compris religieux. Je n'ai donc subi aucun conditionnement. Grâce à eux, j'ai abordé la foi sans préjugé ni *a priori*. J'ai été préservé de tout fanatisme.

L'important est de croire, non d'adhérer à une chapelle. Quel que soit le nom qu'on Lui donne, Dieu est le même pour tous.

Pourtant, de pensionnat en pensionnat, j'avais l'impression que Lui et moi ne parvenions pas à nous trouver. J'embrassais les troncs d'arbres parce que j'étais un déraciné. J'enviais leur puissance immobile, leur pied bien planté dans la terre, leur tête dirigée vers les nuages. Je pleurais parfois dans le secret de leur feuillage. Mon arbre généalogique à moi se perdait en des lieux et des époques trop lointaines, trop méconnues.

J'étais seul, loin des miens, me croyant loin de Dieu. Je me sentais toujours exclu. J'étais Son « petit bâtard ».

Pour tromper cette injuste solitude, je recréais ma famille avec mes camarades. Ils devenaient mes parents, mes petites copines devenaient mes femmes, nous jouions au papa et à la maman avec autre chose à l'esprit que la simple curiosité charnelle qui aiguille d'habitude tous les gosses. Les Maria, Anna, Gladys de ces vertes années étaient mes filles, mes maîtresses, mes mères de substitution. J'ai été un amoureux précoce et dévoué. J'en ai gardé, toute ma vie durant, un attendrissement particulier pour les très jeunes femmes, que beaucoup de gens mal intentionnés ont jugé à l'aune de leur propre perversité. Rien à foutre ! Ils ne savent rien.

Nous étions des gosses un peu paumés pansant ensemble leurs plaies.

Je poursuivais ma quête d'identité comme je pouvais. Il m'arrivait d'écrire ce que je ressentais – mes colères ou mes espoirs, mes joies et mes désillusions – sur des bouts de papier semblables à des parchemins précieux, que j'enterrais à l'ombre de mes arbres préférés ou que je glissais précautionneusement entre leur tronc et leur écorce. C'étaient mes trésors, mes pensées, un peu de mon âme que je confiais à la terre fertile ou à mes colosses feuillus. Ils ne pouvaient ni me trahir ni m'abandonner. Ils étaient là pour toujours. Pour moi, pour toujours.

« Pleurer longtemps solitaire mène à quelque chose », a dit, en substance, René Char. En ce qui me concerne, c'est fichtrement vrai ! Jusqu'à 14 ans, j'ai vécu cet isolement. Je ne communiais pas dans la chapelle des popes, mais dans la nature. J'étais un contemplatif, un gamin du silence. Tout le contraire de ce que je suis devenu au sortir de l'adolescence : un vrai chien fou ! Inutile de chercher une logique dans tout ça…

Mon univers était peuplé de présences fantomatiques, d'êtres fantastiques qui ne vivaient que pour moi et ne répondaient qu'à mes appels. D'autres présences invisibles se mêlaient à ce petit peuple, qui ne m'obéissaient pas, celles-là : parce qu'elles appartenaient à une autre dimension. Ces présences ont quitté la sphère de mon imagination pour entrer dans celle de ma spiritualité. Ce sont elles qui m'apportent aujourd'hui l'inspiration, me soufflent certaines réponses ou me murmurent parfois des avertissements. Nul besoin d'être cultivé pour être inspiré ! Il faut seulement être à l'écoute de l'invisible. C'est ce que je m'efforce de faire aujourd'hui encore, quand je monte un spectacle. Je donne à voir au public ce que je vois moi-même. Je vois ce que je crois et je crois ce que je vois. On n'est jamais assez crédule…

La foi, c'est aussi cela !

On veut être bien trop raisonnable ou raisonné, je ne sais pas, c'est égal. C'est ce qui nous perd. On est soudain trop con.

En général, on devient comme ça parce qu'on oublie son

enfance. Moi, je ne l'ai jamais oubliée, je l'ai seulement désapprise. À partir de 1939, avec l'infamie de ces jours sombres.

De 12 à 14 ans, ça allait encore, j'avais été envoyé dans le Perche, chez de braves gens qui avaient bien voulu accepter d'être ma famille d'accueil. Je mettais la main à la pâte avec joie, aidant à rentrer les foins, à trucider les volailles et à dépiauter les lapins. Ils ne s'attendaient pas à cela de la part d'un petit citadin ! Entre-temps, je dédiais des poèmes enflammés à la fille du garagiste, juste un peu plus âgée que moi, avec laquelle j'arpentais la campagne à bicyclette, sans me soucier d'autre chose que de m'attirer ses faveurs. En fin de compte, j'étais dans mon élément, au milieu des bois et des pâturages. Je continuais à emmagasiner des souvenirs, des impressions, des émotions, tout ce qui pouvait forger ma personnalité. Le merveilleux croisait toujours ma route. Par exemple, j'ai appris l'alchimie à ce moment-là. Le futur Geoffrey de Peyrac a été initié à la magie par de simples paysans ! Trêve de plaisanterie... Cette famille m'a donné des leçons de vie que je n'ai pas oubliées. Je me souviens d'avoir ramassé des pommes abîmées sous les pommiers. Il fallait les éplucher puis les jeter dans une grande bassine de cuivre, sous laquelle était allumé un feu de bois. On ajoutait du sucre lorsque la mixture était à ébullition. L'étape suivante consistait à verser le tout, une fois tiédi, dans de grosses toiles de coton qu'on suspendait à un clou, dans la grange. Goutte à goutte, une magnifique et succulente gelée dorée s'en écoulait, prête à être conservée dans des pots de verre... De la pourriture transformée en or ! Pas besoin de longs discours ni de grimoires sorciers pour saisir la portée symbolique d'un tel enseignement...

Puis ce fut l'Occupation, le retour à Paris, l'adieu au « vert paradis de mes amours enfantines »...

Fini l'insouciance ! Il fallait désormais se battre pour survivre, penser chaque jour à trouver quelque chose à manger, des rutabagas, du pain dur ou du « singe », n'importe quoi pourvu qu'on puisse se caler l'estomac. J'avais regagné mes pénates parisiens ; nous logions, mes parents et moi, dans un grenier miteux du quartier de l'Odéon. On crevait la dalle en famille !

À ce moment-là, je me suis plus que jamais réfugié dans le giron de notre mère l'Église : une vraie grenouille de bénitier ! Bien que sceptique, j'étais de toutes les messes. Et pour cause : tout ce que j'attendais, c'était la distribution du pain béni, à la fin… Une sorte de brioche savoureuse, à damner un saint, en ces temps de vache maigre ! Ah ! ça, oui, il était beau, le chrétien ! Je n'étais après tout qu'un gosse affamé… et malheureux.

J'étais en train de devenir un adulte.

Je découvrais l'angoisse, le froid, la misère, la faim, la peur. Il régnait un climat d'épouvante et de perdition presque palpable. Je ne savais pas encore toute l'horreur de la situation, je préférais ne pas écouter mon intuition. Moi et les miens avions trop à faire pour tâcher de continuer à vivre. Lorsque la perspective d'un retour à la paix est devenue plus concrète, mon état d'esprit n'a pas vraiment changé. Trop de privations rendent aigre, abrasent la générosité, exacerbent le cynisme. Je me marrais quand j'entendais parler de charité et de partage. Tu parles ! Pendant ces années de tristesse, je balançais entre insolence et désarroi, entre ingratitude et amertume.

Il fallait bien se forger une carapace. Les vexations n'incitent pas aux bons sentiments. C'est une utopie qui sert à écrire de beaux romans à l'eau de rose ! On a plutôt envie de prendre sa revanche, de rendre le mal pour le bien. La colère des déshérités ne doit jamais être prise à la légère… Quand on est jeune et sans espoir, on est comme une bête enragée, aveuglée de douleur, prête à bouffer tout ce qui bouge. C'est encore vrai aujourd'hui. Il n'y a qu'à se tourner vers les cités, à écouter la rumeur qui monte des banlieues...

Contrairement à ce que je croyais, Dieu ne s'était pourtant pas détourné de moi.

Il m'a permis de trouver une issue, une sortie de secours pour sauver mon âme et mon corps en perdition : le théâtre. Pour de vrai, cette fois, pas pour faire plaisir aux popes de mes chers pensionnats. Ma mère, qui soupirait chaque fois en passant devant le théâtre de l'Odéon – « Ah ! Si tu pouvais y être un jour ! » –, n'a vu aucun inconvénient à ce que j'arrête l'école pour prendre des cours d'art dramatique. Mon père non plus, évidemment. C'était la Libération, le moment de la reconstruction, d'un nouveau départ. De l'adieu au gamin sauvage que je devais laisser derrière moi.

Je m'apprêtais à apprendre toutes les ficelles de mon futur métier, à exprimer des sentiments et des émotions que je n'avais jamais osé libérer, à pratiquer ce que les Grecs appelaient la catharsis. Je devais exorciser mes démons. Je devais commencer le voyage qui, de spectacle en spectacle, m'a fait comprendre ce que devait être ma foi et comment m'efforcer de la vivre. Je sais aujourd'hui que tout convergeait vers Lui. Il me restait, bien sûr, à en prendre conscience.

Je devais devenir un homme et assumer mon destin. Donner à mes rêves de gosse la dimension d'une œuvre d'adulte. Parce qu'on ne se débarrasse jamais de son enfance.

Les chemins de traverse

Je suis entré dans l'âge adulte à la Libération. Enfin, l'âge adulte… c'est beaucoup dire ! J'errais du côté de Saint-Germain-des-Prés, vivant de tout et surtout de rien, aux crochets de qui voulait bien, d'une bonne âme ou d'un gogo, d'un ami de passage ou d'une liaison d'un soir. Mes parents ne pouvaient plus m'aider, ils étaient encore plus pauvres qu'avant la guerre, plus désemparés. Ma mère pleurait son frère Lova, résistant fusillé par les Allemands. Sa peine me brisait le cœur, j'adorais cet oncle, j'étais désemparé, abîmé par tout ce dont j'avais été témoin, notamment pendant l'exode : des tueries, des dénonciations, la lâcheté, l'hypocrisie. L'homme est capable du pire, ce qui n'est malheureusement pas exceptionnel.

Fort de ce constat, j'étais devenu désabusé et terriblement mélancolique. Néanmoins, je m'appliquais, comme tout le monde, à reconstruire mon existence en morceaux. Il régnait au cœur de Paris, chez les Germano-Pratins de souche ou d'adoption, un tel climat d'effervescence intellectuelle que le meilleur semblait encore possible. Il se trouvait d'ailleurs des gens suffisamment généreux pour redonner de l'espoir aux autres. L'un d'eux, un graveur de la rue du Temple, m'offrit le gîte contre quelques menus travaux. Je passais en réalité bien plus de temps à lire pour essayer de combler mes nombreuses lacunes qu'à l'aider dans son labeur. Mais il ne m'en tenait pas rigueur. Bien au contraire, il encouragea cette soudaine soif de connaissance qui me détournait de l'horreur des jours passés. Je m'initiai donc à la poésie, aux surréalistes,... au théâtre classique. Il n'y a pas de hasard ! Grâce à mon bon Samaritain, j'acquis la certitude que la réponse à mon mal-être résidait en moi et en ma capacité à reprendre en main mon destin.

« Aide-toi et le ciel t'aidera », est-il écrit. Eh bien, j'y crois ! Dieu, j'en suis persuadé, n'aime ni les tièdes ni les veules. Du moins ne peut-il pas grand-chose pour ceux qui refusent d'accomplir le moindre pas vers leur salut.

J'allais trouver ma vérité grâce au théâtre, ce dont j'étais encore bien loin de me douter. Auparavant, il me faudrait traverser nombre d'épreuves et surmonter beaucoup d'obstacles : la vérité ne se dévoile pas d'un seul coup, il faut la mériter, se montrer digne d'elle...

En attendant, je me comportais un peu en gentil filou, me débattant comme je pouvais pour trouver chaque jour ma pitance et essayer d'apprendre les ficelles de mon métier. Je voulais être acteur, bien sûr. Pour me convaincre moi-même de mon talent, je me donnais des airs, j'en faisais des tonnes, je tentais d'impressionner, je devenais le roi du bluff. Pour un traîne-savate tel que moi, c'était le boulot rêvé : dans les cours d'art dramatique, je me liais avec des bourgeois, des condisciples un peu fortunés, qui me prenaient en amitié et m'invitaient à leur table. J'exploitais gentiment la bêtise de pigeons s'emmerdant ferme dans leurs cages dorées... Toujours de bonne compagnie, affable et spirituel, je n'étais certainement pas un pique-assiette, je me laissais inviter sans jamais m'imposer. On m'aimait bien. On me pardonnait mon ingratitude nonchalante, mon impertinence, mon inconstance, on me trouvait attachant quand même.

Au début, je n'étais qu'un acteur médiocre, parce que j'en rajoutais toujours. Comme dans la vie ! Pour laisser la douleur derrière moi, je m'étourdissais, toujours en mouvement, toujours errant. Je donnais des cours de comédie à des naïfs, à des minettes se piquant de théâtralité. Grâce à ça, je bouffais et me payais la location d'une piaule... Bref, la morale ne faisait pas partie de mes priorités. À l'école de la vie, on s'endurcit, on donne des coups avant d'avoir eu le temps d'en prendre.

Dieu était bien loin de mes pensées, tandis que mon estomac criait famine ! Je me débattais comme un animal pris au piège, n'ayant pour seul désir que de s'en évader.

Devenu un habitué du cours Simon, je prodiguais mes conseils et mon savoir naissant aux nouveaux venus en échange de la gratuité de l'enseignement, qui n'était d'ailleurs pas très difficile à obtenir pour moi : René Simon, découvreur de talents, aidait les pauvres à poursuivre leur rêve et compensait le déficit en faisant payer les riches. Le système fonctionnait très bien et chacun y trouvait son compte. Nous autres, apprentis acteurs, formions une espèce de fraternité dont les membres s'entraidaient, sympathisaient, s'estimaient pour la plupart. Même les plus démunis y acquéraient un vernis de sociabilité leur permettant d'espérer transcender un jour leur condition... J'enviais malgré tout les plus nantis d'entre nous, ceux qui portaient beau, s'habillaient de nobles matières et possédaient l'incontournable pelisse beige en poil de chameau, très à la mode à l'époque chez les jeunes notables du Quartier latin... Bref, j'étais taraudé par de hautes préoccupations existentielles ! Plus sérieusement, je voyais mes parents couverts de dettes et je pensais tout naturellement que le fric constituait la clef du bonheur. J'avais déjà eu l'occasion d'apprendre que l'injustice est largement plus répandue que la justice. Je ne voulais pas être une victime, j'étais décidé à me battre pour arriver à quelque chose.

Mon sens moral n'était pas très élaboré : ma philosophie de l'époque consistait à sauver ma peau en toutes circonstances et par n'importe quel moyen. Quitte à rendre le mal pour le bien. Je n'étais pas un méchant, je n'ai jamais voulu blesser quiconque et je ne pense pas l'avoir fait.

J'étais simplement un individualiste forcené, un jeune homme malmené par l'existence, un écorché vif soucieux de posséder ce que d'autres avaient depuis la naissance, sans fournir aucun effort : les moyens de vivre selon leurs désirs. Tous mes espoirs résidaient dans le métier d'acteur et dans le statut glorificateur de « jeune premier ». Je pouvais certainement, moi aussi, devenir un prince, retrouver à travers les couleurs du jeu de l'acteur les paysages imaginaires de mon enfance, faire frémir les foules, toucher et émouvoir mon public. Je remuais donc ciel et terre pour parvenir à mes fins.

Aux terrasses du Flore et des Deux-Magots, je me laissais abreuver par des comédiens chevronnés, des copains plus chanceux, je me faisais des relations, je m'incrustais, je trouvais de petits emplois sur les tournages dont on parlait, je me dégottais de la figuration puis des petits rôles. Surtout, je n'étais jamais là où l'on m'attendait, m'éclipsant sans prévenir, réapparaissant sans crier gare. Dans la nébuleuse de Saint-Germain-des-Prés, je côtoyais Boris Vian et Jean Genet, j'entrais dans le cercle des amis de Jean-Paul Sartre, je me frottais à leur fulgurance intellectuelle, j'en picorais quelques miettes en passant. Sartre surtout me bouleversait par sa bonté et son immense tendresse. Je n'étais plus habitué. Quant à Genet, il résuma un soir en quelques mots ce qui paraissait déterminer ma personnalité d'alors. Nous nous trouvions, un ami et moi, attablés avec lui dans un bistrot de la Bastille. Soudain, il avisa un type éméché et agressif qui s'était mis à insulter la serveuse. Il se trouvait que la pauvre femme était sa propre mère… Jean Genet, indigné, se leva et tenta de s'interposer. Au lieu d'adopter le profil bas, le fils indigne commença à s'en prendre à Genet, qui se tourna vers nous, et, voyant que nous ne bougions pas d'un pouce, vint prudemment se rasseoir à nos côtés en soupirant : « Oh, et puis merde ! S'il fallait s'occuper du pathétique des autres quand on est pathétique soi-même ! »

Quand on est personnellement mal en point, on peut éprouver quelques difficultés à jouer les justiciers. C'était effectivement mon cas. Lâcheté, inertie, indifférence devant la souffrance d'autrui… Je n'avais pas le temps d'être bon ni compatissant.

J'ai été taxi-boy pour de vieilles bourgeoises, j'ai hanté différents cercles littéraires et artistiques pour le seul avantage d'être hébergé par quelque complaisant mécène, j'ai grappillé chez les unes et les autres, lutiné des duchesses et des midinettes, cultivé un air de me foutre de tout et de tous qui avait le don d'exaspérer mes parents…

Puis la notoriété est arrivée. J'ai connu le succès au théâtre, au cinéma. L'argent m'a procuré une vie plus douce, je suis devenu élégant, soigné. J'avais soudain les apparences de mon côté. Le reste ne s'arrangeait guère… C'était toujours de l'esbroufe. Quand le creux de la vague est arrivé (il arrive inévitablement, tôt ou tard, lorsque l'existence n'est fabriquée de que faux-semblants), j'ai préféré m'esquiver et sacrifier aux obligations militaires, qui m'attendaient de toute façon. Le service n'a pas été trop pénible : à peine arrivé à la caserne, je suis allé m'adresser à un officier que les copains m'avaient recommandé, j'ai dit que j'étais acteur, il a décrété que je ferais un infirmier présentable. Après avoir suivi la formation réglementaire, j'ai obtenu le diplôme – le seul que j'aie jamais décroché ! – qui me permettait d'endosser cette honorable fonction. Un vrai poste de planqué parfaitement assumé ! Les marches forcées, les parcours du combattant épuisaient les autres appelés, tandis qu'avec mes collègues apprentis carabins et cabots patentés, je coulais des journées paisibles : les tire-au-flanc négociaient quelques moments de tranquillité contre de menus services, des cigarettes ou des douceurs. Avec d'autres confrères, je montais des pièces de théâtre pour distraire les troupes.

Après toutes ces années passées en pension, je n'étais pas le moins du monde dépaysé. Je retrouvais la vie communautaire avec ses règles particulières, la solidarité et la fraternité de ceux qui sont embarqués dans une même galère.

Au fil des mois, j'oubliais le personnage cynique que je m'étais forgé à Saint-Germain-des-Prés. Je laissais de nouveau ma sensibilité s'exprimer, j'avais envie d'aider les autres, de leur faire simplement plaisir. Là-bas, je nouais des amitiés simples et profondes, je trouvais un équilibre. Je me suis alors remis à espérer et à aimer les hommes.

De retour à la vie civile, j'ai été accueilli par mon ami Frédéric Dard. Accueilli, recueilli, adopté, choyé, entouré par cet homme exceptionnel et son épouse, qui m'ont installé chez eux, dans une grande chambre peuplée de livres et baignée de lumière, juste au-dessus de son propre bureau. Ils m'ont aimé comme leur troisième enfant, d'une manière inconditionnelle, généreuse, délicate. Fred était à la fois mon père, mon frère, mon mentor, mon modèle. Par le passé, je l'ai souvent comparé à un moine de Thélème agité de passions rabelaisiennes : dans son léger accent lyonnais perçaient l'ensoleillement des coteaux du Beaujolais, la spontanéité et l'hypersensibilité de l'écrivain bouleversé par le sort de ses semblables. À ses côtés, au milieu des siens, je me sentais bien, dorloté, entouré d'affection et de gaieté.

Son père – un libertaire généreux et enthousiaste – avait épousé une enchanteresse, adorable et facétieuse, qui tenait une boutique de farces et de déguisements de carnaval. De leur harmonieuse union étaient nés deux enfants, Frédéric et sa sœur, charmante et douce, d'une intelligence subtile, à l'unisson des autres membres du clan Dard. Grâce à eux, pour la première fois de ma vie, je trouvai mon point d'ancrage affectif et émotionnel. Professionnel aussi : je jouais dans les pièces que Fred écrivait, je m'embarquais avec ses troupes dans l'aventure rocambolesque et populaire du théâtre du Grand-Guignol. Mon ascension d'acteur continuait, progressivement, mais sûrement, dans les meilleures conditions. Au contact de Frédéric, j'ai réappris des valeurs fondamentales, l'honnêteté, la droiture de l'âme, le partage, une véritable poésie de l'existence… Je crois qu'il voyait, lui aussi, des choses qui restent invisibles aux yeux des autres. Il avait parfois le regard étonnamment absent, comme s'il percevait, à travers notre monde, un au-delà à lui seul dévoilé. Il avait un jugement sûr, jaugeant les êtres et les événements avec une acuité déconcertante, qui confortait trop souvent son pessimisme chronique.

Son extrême clairvoyance s'accompagnait pourtant d'une grande indulgence. Il a ainsi vu qui j'étais réellement, plus clairement que quiconque, à commencer par moi-même. Il savait tout de mes doutes, de mes moments de détresse, de mes excès, de mes névroses, de mes accès hypocondriaques. Il connaissait mon tempérament bohème, mes emportements de bon vivant, mes délires d'angoissé, mes tendances mythomanes, ma générosité débridée, ma boulimie de travail. Le pire comme le meilleur ! Rien ne lui échappait. Et il trouvait quand même le moyen de m'aimer de manière inconditionnelle... Fred faisait ressortir mes bons penchants. En sa présence, je ne piquais aucune colère, je devenais serein, apaisé. Intelligent, quoi ! Dès que nous étions ensemble, nos nerfs à vif se détendaient. Nos esprits et nos cœurs se parlaient.

Des années plus tard, il est naturellement devenu le parrain de mon fils sur les fonts baptismaux. Depuis longtemps déjà, il était mon guide sur les chemins de la spiritualité et de l'amitié.

Jamais il ne me quittera. Où qu'il soit maintenant.

À la même époque, j'ai rencontré un type étonnant, qui lui aussi, à sa manière, m'a indiqué la voie à suivre. C'était un jour de dèche – j'en comptais encore quelques-uns ! J'avais prévu de me rendre chez une amie dans l'intention de la taper de quelques billets. Je la trouvai en compagnie d'un homme bizarre, très mince, avec des sourcils touffus, un front trop étroit et un accent allemand très prononcé. Il s'appelait Alec Dan et possédait de véritables dons de voyance. J'entretenais alors avec le surnaturel des liens passablement distendus : plus cynique que sceptique, j'affectais de ne pas croire, mais me gardais bien d'exprimer sur le sujet toute conviction intime... L'étrange convive de mon amie me porta un intérêt plus soutenu que je ne l'eusse souhaité : à peine nous étions-nous serré la main qu'il commença à me prédire mon avenir !

— Vous allez devenir célèbre, très célèbre... Vous allez gagner beaucoup d'argent et obtenir tout ce que vous espérez...

« Chouette », me dis-je, agréablement surpris par cette divination inopinée.

— Mais alors que la gloire et la fortune vous seront acquises, vous abandonnerez tout !

… Quoi ? Quelles foutaises voulait-il donc me servir là ? Le brave homme semblait avoir soudain perdu l'esprit !

— Vers 40 ans, vous accomplirez quelque chose de plus important, de beaucoup plus difficile… d'un plus grand intérêt…

Bien sûr. Je me voyais parfaitement, à 40 berges, abandonner tout ce pour quoi je m'étais battu et repartir de zéro… vers quoi ?

Je quittai Alec Dan et son hôtesse fort embarrassé. Plus troublé que goguenard. Moi qui ne rêvais que d'imiter Errol Flynn ou Bogart et de suivre leur trajectoire étoilée au firmament du cinéma, j'imaginais mal renoncer volontairement à la célébrité pour une raison aussi saugrenue que nébuleuse…

Mais tout de même… Au plus profond de moi, je me sentais ébranlé. Sait-on jamais ce pour quoi l'on est destiné ? Existe-t-il quelque chose de plus fort que nous ? Pourquoi sommes-nous sur cette Terre ?

Ces questions, que j'enfouissais soigneusement depuis des années dans le plus sombre recoin de ma conscience, resurgissaient soudain, me poussant à la réflexion. Évidemment, c'est gênant, c'est incommodant… Dans une existence qui tente de s'organiser, ce genre de méditation impromptue fait désordre. Remarquez bien qu'il y a des gens qui éviteront toujours ces pénibles cogitations : ils m'évoquent invariablement les trois petits singes qu'on représente mains plaquées sur les yeux, sur les oreilles et sur la bouche. Ils ne voient pas, n'entendent pas, ne parlent pas ! C'est un choix, qui n'est pas le mien et qui m'inspire le plus grand irrespect. Je ne comprends pas cette inertie, cette non-vie, ce désintérêt total pour soi-même autant que pour le reste de l'humanité.

Alec Dan venait d'ouvrir une porte, qui ne se refermerait plus jamais.

Par cette ouverture, j'entrevoyais une autre route. Je ne savais pas encore où elle me mènerait et si j'aurais le courage de l'emprunter, mais je savais désormais qu'elle existait.

Cette première rencontre avec Alec Dan ne fut pas la dernière. Par la suite, il est devenu un ami de confiance, dont les prédictions se sont révélées terriblement exactes. Des années plus tard, alors que j'étais marié à Marina Vlady et que nous attendions un premier enfant, Alec m'a averti qu'il ne voyait pas la grossesse se dérouler. Pendant une tournée, Marina contracta une forme très grave de la grippe. Le bébé n'y survécut pas.

Je n'ai plus jamais pris ses présages à la légère. Je n'en ai d'ailleurs jamais beaucoup parlé, car j'ai peur de ce que les puissances invisibles pourraient me réserver, en punition d'une impertinence de trop...

L'augure allemand ne s'est jamais trompé à mon sujet. À l'approche de mes 40 ans, comme je l'interrogeais une fois de plus sur sa prophétie initiale, il me rétorqua sur un ton malicieux : « Encore un peu de patience, Robert, vous verrez... Arrivera le moment où tout deviendra limpide. Vous saurez précisément ce que vous devrez faire. Tout cela ne peut aboutir qu'à quelque chose d'évident ! »

L'évidence.

La vérité toute nue. Offerte dans toute sa splendeur. Elle m'attendait. Il ne me restait plus qu'à tout abandonner pour elle. Et la conquérir, enfin.

Ma liberté

La drague et les minettes, j'ai laissé tout ça derrière moi lorsque je suis parti pour Reims ! J'ai complètement changé de cap le jour où j'ai laissé ma carrière de « vedette » pour me rendre là-bas et tout recommencer de zéro. Bien sûr, on m'a pris pour un dingue. Ma carrière au cinéma roulait plutôt bien, j'habitais les palaces, j'étais bien sapé, je bouffais dans les meilleurs restaus, j'étais bien entouré, souvent courtisé, je baisais comme je voulais, et le fric n'était plus un problème... Moi qui avais si souvent demandé à Dieu : « Fais que je devienne une vedette... », mon vœu avait bien été exaucé. Alors quoi ? Eh bien, tout ça commençait à me sembler bien fade, inepte, insensé. Je tournais en rond comme un rat dans sa jolie cage dorée. Rien à l'horizon de cette petite vie !

Je ne voulais pas fuir. Je devais me *sauver*, au sens biblique du terme.

J'ai donc filé mes costards à mon fidèle Henri, mon chauffeur, et j'ai donné le reste à Madeleine, ma femme de ménage. Ils étaient contents, mais un peu affolés, ils ne comprenaient pas. Au moment du départ, Madeleine m'a juste dit, la larme à l'œil : « Prenez soin de vous, monsieur Robert ! » Justement. C'est en me barrant ce jour-là, avec ma brosse à dents et un blouson sur le dos pour tout bagage, que j'ai vraiment fait ce qu'il fallait pour prendre soin de moi. Pauvre comme Job, tiens donc, ça tombait bien ! On n'a rien inventé de mieux depuis deux millénaires pour se remettre les idées en place...

Ainsi, j'ai définitivement choisi une autre vie. Des potes

avaient parié que je serais rentré à Paris deux jours plus tard. Je suis resté à Reims plus de sept ans ! C'était une véritable renaissance, au sens strict du terme. On me traitait de fou, et moi, je ne m'étais jamais senti aussi libre ! Jusque-là, j'avais cru que j'étais fait pour le cinéma. Je me trompais. Je suis un homme de théâtre. J'ai pris conscience de cela et de beaucoup d'autres choses à ce tournant de ma vie. J'ai réellement découvert qui j'étais.

Les biens matériels aveuglent, étouffent, submergent l'essentiel, on devient dépendant du fric comme de la drogue ou de l'alcool. C'est le même principe. La liberté n'a rien à voir avec cet insidieux phénomène d'addiction. À Reims, je n'ai rien gagné, j'en suis même reparti avec deux cents briques de dettes... Mais comme j'étais bien ! J'étais foutrement heureux, rien ne me retenait, sauf ce qui comptait vraiment : la passion. Je bossais comme un forcené, de quinze à dix-huit heures par jour, je dormais à peine, mais je m'éveillais tous les matins avec l'extraordinaire sensation de vivre pleinement un nouveau jour.

Pour la première fois de ma vie, je me suis senti vivant.

Pourtant, tout était loin d'être rose ! C'était pas si facile ! Dieu sait que l'existence n'était pas exempte de nouvelles servitudes, mais celles-là, loin de m'enfermer dans un système, me permettaient de me dépasser. Être fier de son travail, sans fausse modestie, c'est tellement important...

Je ne sais pas ce qui a provoqué le déclic, ce qui a motivé l'urgence de procéder à un tel choix. Partir. C'est magique ! C'est un acte spontané, absolument irréfléchi, totalement viscéral. Depuis mille ans, je devais accomplir ce chemin... avant même que je vienne au monde, c'était écrit ! Je ne plaisante qu'à moitié... J'ai toujours su au fond de moi que je devais faire ce choix. Nous savons tous, au plus profond de notre être, ce que nous devons faire de nos vies. À nous d'accepter ce destin ou de s'y refuser. À nous de créer ou de détruire nos existences.

Le paradis ou l'enfer : on a toujours le choix.

Ce n'est pas une histoire de vocation. On fait ce que l'on doit, ce que l'on sait. Rien d'autre. Le mot « vocation », franchement, ça m'emmerde. Le type qui clame à tous vents qu'il a une « voc' »... Bof. On n'en fait pas un meilleur artiste pour autant. Je ne suis même pas sûr qu'on en fasse un homme meilleur.

Moi, les vocations, les martyrs, les gens trop convaincus de leur valeur... ils me font peur. Les certitudes, je ne trouve pas ça très sain. Avant de prendre le large, j'avais l'habitude d'en parler régulièrement, comme d'une bonne boutade. Donc, on ne me croyait pas et le revers de la médaille, c'est que je n'étais moi-même pas toujours très sûr de vouloir tenter l'aventure. Ce désir latent commençait même à s'émousser. C'est le danger de trop attendre. On ne sait plus où sont ses véritables besoins, on ne les prend plus au sérieux. Et les années passent... Je voulais toujours partir, mais je ne partais pas. Pendant que les copains en rigolaient, je me répétais, en guise de leit-motiv : « J'ai bien le temps ! J'ai bien le temps ! » Et autour de moi, on me renvoyait la même phrase en écho. Mais voilà, on ne sait jamais vraiment de *combien de temps* on dispose ! Je me confortais dans cette indécision et j'essayais de me persuader que ce n'était pas si grave. Alors que ç'aurait pu devenir vraiment tragique...

Car faire ce que l'on doit ne relève pas du temps qui se déroule devant soi. C'est faux, archifaux ! Je me suis rendu compte que c'était une question de force, de volonté – parfois aussi de nerfs ou de santé.

Un jour, j'ai eu un sursaut, j'ai su qu'il serait bientôt trop tard. Cette intuition-là est très forte, elle vous noue l'estomac, vous réveille la nuit, ne vous laisse aucun répit.

Je pense qu'on peut finir par en mourir si l'on choisit l'inertie. Une mort physique ou spirituelle, très lente, à petit feu. On peut disparaître de l'humanité comme ça, sans vraiment s'en apercevoir. Si on ne crève pas vraiment, on devient un zombi, on marche sans but, sans plus savoir pourquoi. On devient indifférent à tout et à tous, à commencer par soi-même. Alors, gaffe ! C'est pas si simple de rester un humain parmi les humains. Il ne faut pas trop tirer sur la corde…

Donc, il y avait urgence.

Je me souviens du moment précis où ça m'a pris. J'étais avec Belmondo et je tournais *Le Casse*. Je lui ai dit : « Je me casse ! » J'ai fait ce que je devais. Pour sauver ma peau. Et peut-être aussi mon âme. Je me suis secoué, je me suis réveillé. J'ai redécouvert la vie avec des yeux neufs.

J'ai appris qu'il existe deux sortes de liberté. L'une est personnelle, c'est la liberté qu'on entretient avec soi-même. L'autre, c'est celle que l'on a par rapport aux autres, nos proches ou *notre prochain*. Si l'on ne s'exile pas au fin fond du désert, sur une colonne, comme les anachorètes d'autrefois, on n'obtient jamais vraiment cette liberté-là… et c'est aussi bien ainsi. Seulement, on demeure toujours responsable de soi, de ses actes. Il ne faut jamais perdre cela de vue.

En partant pour Reims, j'ai réalisé ce que j'avais envie de faire. J'ai appris énormément, je me suis donné l'occasion de mieux comprendre le monde et les autres en essayant de me comprendre moi-même. J'ai fatalement commis des erreurs. J'en commettrai encore beaucoup d'autres. Mais j'en suis complètement responsable. Et c'est foutrement agréable !

En province, j'ai monté les spectacles dont j'avais envie, à ma manière, avec passion et démesure. J'ai aussi créé l'école de théâtre dont je rêvais. J'ai commencé à réaliser mon vieux fantasme : faire du théâtre comme on n'en voit qu'au cinéma ! Tout cela coûtait cher, bien trop cher, mais c'était vraiment le cadet de mes soucis ! J'étais, pour la première fois de mon existence, en totale adéquation avec moi-même.

Là-bas, j'ai appris à être libre avec les autres, à côté d'eux, et à le rester. Autour de moi s'était constituée une équipe avec laquelle je travaillais en étroite collaboration. Jamais je n'avais agi ainsi auparavant : j'étais un frondeur, un franc-tireur, je ne demandais rien à personne. À Reims, j'ai commencé à construire, en obéissant à des principes très simples : suivre des horaires rigoureux, prendre en compte l'opinion et la sensibilité de mon entourage professionnel… Finalement, je me suis aperçu que mon libre arbitre s'en trouvait renforcé. Je pensais et j'œuvrais mieux, plus vite, plus efficacement.

Je crois que je me suis trouvé, enfin.

Ces sept années – chiffre magique, perspective sacrée – n'ont pas seulement changé ma vie *matérielle* ou la manière dont je pratiquais mon métier. Elles ont surtout favorisé une métamorphose spirituelle. À l'instar de ces pommes pourries de mon enfance que j'évoquais un peu plus haut* et qui se transforment en une merveilleuse gelée de fruits dorée, je suis devenu, au bout de ces sept ans, l'homme que je suis aujourd'hui.

Quelque chose s'est passé, qui a soudain rendu mes pensées plus limpides, plus évidentes. *On* m'y a aidé.

Tous les matins, je passais devant l'ange de la cathédrale. Et chaque fois se produisait le même incroyable phénomène : je sentais qu'il me regardait. Moi, précisément. J'en étais convaincu, il me surveillait. D'ailleurs, il me suffisait d'un simple coup d'œil pour voir s'il me faisait la

---

* Voir « Le bâtard de Dieu », p. 23.

tronche ou pas ! Je peux jurer que son expression n'était jamais la même, il se transformait, il souriait ou arborait un air lugubre. Invariablement, son « humeur » coïncidait avec ce que je pouvais avoir fait ou dit, en bien ou en mal. Depuis lors, je ne suis pas dupe. Si je fais une connerie, *on* me le fait comprendre, je peux sentir l'étendue des dégâts là-dedans, en moi...

Mon âme a émergé du chaos où elle se trouvait plongée jusqu'alors.

La vérité toute nue s'est enfin laissé courtiser...

Alec Dan avait raison. Il ne s'agissait plus simplement de théâtre, de gloire personnelle, d'ascension sociale. Je savais désormais que le jeu de l'acteur ou de la mise en scène me portait beaucoup plus loin. Qu'il y avait un *au-delà* de la scène, du destin personnel, de l'existence. Cet au-delà, c'est évidemment Dieu.

Dieu, qui consentait enfin à me répondre.

Comment j'ai rencontré Dieu

J e garde un souvenir parfaitement précis de la première fois que j'ai entendu mentionner le nom de Dieu. Cela s'est passé au début des années 1930, à Paris. J'errais, un peu perdu, au milieu d'immenses solitudes, physiques et morales, alors que je passais mon temps à me balader dans les fameux pensionnats russes que j'évoque plus haut*. Je me souviens que c'est dans l'un de ces établissements, où je me trouvais alors, que j'ai compris, un dimanche, que le pope russe était en train d'évoquer le Tout-Puissant.

À ce moment-là s'est produit un déclic : j'y ai soudain prêté une attention inédite, peut-être pourrait-on même qualifier cette réaction de *révélation*...

Du jour où j'ai enfin entendu le nom de Dieu, je n'ai pas cessé de me poser des questions. Je me demandais qui pouvait bien être ce personnage faisant ainsi irruption dans ma vie ! Jusque-là, la religion ne m'intéressait absolument pas et ne jouait pas le moindre rôle dans mon existence. Je séchais systématiquement les cours de catéchisme. Je ne me rendais pas compte de ce que pouvait représenter Dieu, ce qu'on disait de Lui ne m'atteignait pas, ne retenait pas mon attention et semblait glisser sur mon esprit sans y laisser de traces. L'Église constituait alors le cadet de mes soucis ! Mais ce dimanche-là, Sa présence s'est imposée à moi d'une manière indélébile.

Peu à peu, Il a fait son chemin dans mon cœur.

J'ai alors commencé à fréquenter les églises, à y entrer

_____

* Voir « Le bâtard de Dieu », p. 14.

seul pour Le rencontrer. Je n'ai parlé à personne de ma démarche, car je n'en éprouvais pas le besoin. J'étais finalement un gamin assez mûr pour mon âge ! Cependant, je ne sais même plus si j'étais conscient d'aller chercher quelque chose en ces édifices sacrés. J'entrais, sensible au mystère qui entourait ces lieux, au décorum qui s'y déroulait, au nom de Dieu qui y était attaché. Mon imaginaire enfantin s'en trouvait comblé, pendant que mon âme, elle, s'éveillait lentement.

Les premières fois que je me suis recueilli, je n'ai pas récité de prières. Je n'en connaissais pas encore. Je me suis contenté d'écouter les Évangiles. Et j'y ai trouvé la présence d'un être autre, d'un être différent. Alors qu'aujourd'hui, si on me le demandait, je serais tout à fait capable de réciter la messe en russe ! À force de l'entendre, j'ai quand même fini par la savoir par cœur. Ainsi me suis-je mis à m'intéresser à Dieu.

Comme j'étais un garçon très imaginatif et que je ne connaissais pas Dieu, je me suis arrêté à l'idée d'une présence, d'une existence nimbée de mystère. Au fur et à mesure de ma découverte de Dieu, je réalisais aussi que j'avais très peur du diable.

J'ai passé toute ma jeunesse et mon adolescence dans la solitude. J'ai vécu pendant toute cette période dans l'attente, dans l'espoir de Dieu. D'un Dieu qui viendrait m'aider, m'assister et me soulager. J'étais et je suis resté profondément désespéré. Et cette croyance en une personne différente des êtres humains et appelée Dieu me sauvait du désespoir.

À ma façon, je m'imaginais enfant de cette entité, donc fils de Dieu...

Je l'évoquais par exemple quand je rêvais de vivre une très belle histoire d'amour. Je l'aimais en ayant le sentiment de traverser, grâce à Lui, une bande dessinée formidable !

Peut-être pensais-je qu'il m'arriverait, à moi aussi, des aventures extraordinaires...

Au fil du temps, j'ai appris à réciter des prières, surtout le Notre-Père, que je commençais et recommençais sans relâche quand je trouvais que je le disais mal.

J'ai vécu de 10 à 14 ans dans cet état d'esprit proche de la curiosité et aussi de la frustration. Avec le recul du temps, je me dis que cette fréquentation de Dieu me le rendait, tout compte fait, assez familier.

Il m'inspirait cependant un sentiment mitigé, mâtiné de crainte, de fascination et de mystère. Dans la détresse qui était la mienne, ce Dieu que j'appréhendais de façon plus ou moins juste m'aidait néanmoins à vivre. Et même à survivre.

Je ne connaissais encore aucun moment de doute. En revanche, il m'arrivait de me révolter... contre mon mode de vie, contre l'isolement, contre ce vide existentiel qui ne demandait qu'à me submerger et m'emporter.

J'entrais alors dans des églises vides, je volais un cierge que j'allumais et que je plaçais devant un autel éclairé ou devant une statue de la Vierge : j'espérais sinon un miracle, du moins quelques changements dans mon existence.

J'avais le sentiment de m'attacher chaque jour davantage à Dieu, et aussi qu'il s'attachait chaque jour davantage à moi. Comme mes relations avec mes parents n'étaient ni profondes ni intimes, ce Dieu me servait de confident.

Je faisais parfaitement la distinction entre Dieu le Père et Dieu le Fils. Le premier m'apparaissait comme un personnage très méchant. Le Fils me semblait quant à lui beaucoup plus indulgent. Il avait également beaucoup souffert. Je Le ressentais plus proche de moi, je pensais qu'Il était susceptible de mieux me comprendre. Et en me réfugiant de Son côté, j'éprouvais le désir de Le servir.

Je vivais cette croyance avec fièvre, persuadé d'être Son serviteur, bien que l'idée d'entrer dans les ordres ne m'ait jamais effleuré.

Je devais déjà penser au baptême... Le moment n'était pourtant pas encore venu. J'entretiens depuis mon plus jeune âge un rapport assez particulier avec les sacrements en général ; je ne me suis d'ailleurs même jamais marié à l'Église, alors que j'ai épousé des femmes très croyantes, Marina Vlady, puis Candice...

Les rituels me fascinent, mais ne m'émeuvent pas particulièrement. Il en est de même pour la mort et ses oripeaux : les funérailles, se recueillir sur une tombe, et tout ce qui accompagne généralement la fin de notre passage ici-bas. Je dois avouer quelque chose de terrible, mais il faut le comprendre : la mort d'un proche m'indiffère. Fred, mon meilleur ami Frédéric Dard, est mort. Je l'adorais. Et aujourd'hui, je l'évoque avec le sourire, sans tristesse.

J'en fais de même avec le souvenir de mes parents, qui sont aussi partis tous deux. Je n'ai pas besoin de parler d'eux, je n'ai nul besoin de les revoir ni d'aller au cimetière : je n'y vais jamais. Il y a bien d'autres choses à faire. Le Christ a prononcé une phrase qui me hante et qui dit : « Laissons les morts enterrer les morts ! Viens et suis-moi... » Évoquons le passé si on le désire, mais occupons-nous intelligemment, et non stérilement, en attendant notre heure. Ce moment venu, ne comptez sur personne, car on ne vous évoquera jamais tel que vous avez été. On vous rendra hommage, on vous critiquera d'une façon qui n'aura rien à voir avec vous. On vous regrettera, mais on s'en fout !

Quant à savoir ce qu'il y a après…

S'il existe une autre dimension à l'existence de Dieu, ce n'est pas à moi de m'en préoccuper. Je crois en un Dieu proche. Le personnage que j'ai d'abord imaginé, lointain et au-dessus de la mêlée, ne me fait pas peur. Il se tient à mon côté et m'enjoint de vivre selon moi-même, et non par rapport à un ciel hypothétique. Il est ma réalité et mon quotidien.

Je Lui parle. Tous les jours. Nous avons des discussions.

Double aveugle

J'aimerais posséder le don de connaître la vie des gens, de savoir, rien qu'en les regardant, ce qu'ils pensent, ce qu'ils disent, quels sont leurs secrets. C'est fou, cette ignorance les uns des autres, voire cette indifférence dans laquelle nous nous complaisons. La racine du mal est là, dans cette inattention aux autres.

Une quête sans fin

J e souhaite aux hommes de demain d'être un peu moins malheureux que nous ne le sommes aujourd'hui, qu'ils prennent conscience de la richesse que les autres peuvent leur apporter. Mais peut-être seront-ils trop las pour franchir cette étape.

Aujourd'hui, on nous affirme qu'il y a moins de gens qui meurent de faim, statistiques à l'appui... Dans ce cas, les plus fortunés doivent faire attention, parce qu'on va bientôt leur demander de rendre des comptes ! Quand on occupe ses journées à essayer de bouffer pour survivre, on a l'esprit plein de cette quête. Quand on est repu, on se demande soudain ce qu'on fait là, à quoi on sert, on réclame un sens à son existence. On se met à chercher, on veut avoir le sentiment d'exister. C'est précisément pour cette raison que je suis parti pour Reims. Le paradoxe, c'est que j'y suis parti couvert d'or. Seulement, j'ai abandonné cette richesse sans regrets. J'ai tout donné avant de partir, c'était une simple formalité.

Néanmoins, je n'y ai pas trouvé ce que je cherchais. Je vais donc chercher encore un peu. Cette liberté-là n'était pas encore la bonne. Mais l'étape rémoise m'aura au moins permis de prendre des chemins différents et de voir à quoi j'aspirais.

Coupable et responsable

Je me sens responsable du monde car je suis responsable de mon existence. Comme je ne vis pas en ermite, les actes de ma vie ont, peu ou prou, une influence sur autrui. Nous interagissons les uns avec les autres. C'est ce qui s'appelle vivre en société. Malheureusement, la majeure partie des gens affectent de croire que leur responsabilité ne se rapporte qu'à eux-mêmes. Ils peuvent éprouver de la culpabilité lorsqu'on évoque la détresse de leurs semblables, mais ils prétendent que ce n'est pas de leur ressort...

Personnellement, j'éprouve ce sentiment de culpabilité depuis ma naissance. Force ou faiblesse ? Cela dépend de la perspective qu'on adopte. En tout cas, cette culpabilité m'a poussé à changer de vie lorsque j'ai obtenu du succès dans ma carrière.

J'étais persuadé de ne pas le mériter. J'attribuais ma bonne fortune à la chance. Mon talent me semblait nécessaire, mais pas suffisant pour expliquer ce succès. De la même manière, je crois que je n'ai pas mérité les malheurs qui m'ont durement frappé.

Le péché, connais pas !

Dès ma plus tendre enfance, j'ai vécu sans interdits, sans aucune idée de ce que pouvait signifier le péché. À 9 ou 10 ans, à l'âge où d'autres enfants sont paralysés et angoissés par les tabous que leurs parents projettent sur eux, j'avais déjà des aventures amoureuses. La sensualité était vécue en toute innocence, je découvrais, j'expérimentais sans complexes, j'étais terrassé par de terribles chagrins, de formidables passions. Dans nos pensionnats, garçons et filles apprenaient ainsi à se connaître, nous vivions de multiples existences avant d'entrer dans la vie adulte. Nous réchauffions ensemble nos cœurs esseulés avec une grande tendresse. Le péché n'existait pas.

J'ai ressenti longtemps une immense nostalgie pour cette période bienheureuse. J'éprouvais une émotion intacte pour les adolescentes. Je me suis détourné d'elles aussitôt que j'ai commencé à analyser ce qui me poussait toujours vers ces jeunes filles. Le paradis perdu demeure vivant dans mon cœur. En ce lieu, le péché n'a jamais eu droit de cité.

Entre lumière et ténèbres

'ai eu peur du diable bien avant d'être submergé par la
crainte de Dieu. Lorsque j'étais petit garçon, rêveur
dans les ramures et pensionnaire turbulent, je prenais
bien garde à ne pas être trop sage... J'étais en effet persuadé que Satan ne pouvait s'intéresser qu'aux âmes les
plus pures et aux êtres les plus exemplaires. Il ne fallait
donc pas que j'appartienne à cette catégorie de martyrs en
puissance ! Le prince des ténèbres me semblait trop puissant sur cette Terre pour que je prenne le risque de le
contrarier en adoptant une attitude trop parfaite. Lorsque
j'ai confié ces pensées aux adultes chargés de mon « éducation » religieuse, je me suis entendu dire que c'était le
début de la foi. Et je dois bien avouer que cette peur du
démon ne m'a jamais vraiment quitté. J'ai trop souffert de
certaines de ses interventions. Le simple fait de l'évoquer
me serre la gorge...

Je crois en la transparence de nos pensées et, *a fortiori*,
de nos actes, pour les forces qui se disputent nos âmes.

Durant toute ma vie, chaque fois que j'ai essayé de
biaiser, de tricher, de me mentir à moi-même ou de refuser
l'évidence, j'ai eu le sentiment que mes pitoyables tenta-
tives ne pouvaient pas échapper à la vigilance de Celui à
qui je devrai rendre des comptes après ma mort. Pareil
pour l'ange de Reims ou pour sainte Thérèse, dont je trimbale en permanence le portrait dans mon portefeuille : je
ne peux pas lui échapper, je la regarde et je vois très bien
si elle est apaisée ou pas, douloureuse ou pas. J'ai beau la
planquer si je fais une connerie, impossible de l'ignorer !

Tous les deux, je sais qu'ils savent. Je sais qu'ils ne sont jamais dupes de ce que je fais ou de ce que je pense. Leur regard transperce mon âme, la met au jour et dévoile toutes mes intentions.

Je crains le jugement de Dieu.

Lorsque mon heure viendra, je craindrai de n'avoir pas été à la hauteur. Je craindrai de n'avoir pas eu le courage d'être complètement moi-même, d'avoir eu l'extrême faiblesse de rester constamment en deçà de ce que j'aurais dû faire de ma vie.

L'accident

J'ai reçu un premier avertissement émanant de *là-haut* à l'époque de *Hernani*.

Michèle Watrin était mon élève à Reims, une comédienne douée et une superbe fille, avec un physique à la B.B., un visage d'ange, une personnalité lumineuse, magique. Évidemment, j'étais tombé éperdument amoureux d'elle et c'était réciproque. Nous avions décidé, entre deux « répètes », de partir ensemble en vacances et de prendre la route du Sud, plein soleil... pour nous marier.

Nous aurions dû partir par le train, parce que je déteste la bagnole, mais je ne sais pas pourquoi, cette fois-là, j'ai voulu faire taire mes vieilles angoisses. J'avais peut-être envie d'insouciance, d'oublier un peu mes bizarreries, mes phobies, les mises en garde de mes voix intérieures... L'idée nous était venue de prendre sa voiture et de filer à l'aventure, dans un élan de nos deux cœurs fous de passion... Elle avait bouclé sa ceinture, moi pas : je ne supporte pas la contention... Je la revois comme si c'était hier, radieuse, avec ses traits purs, sa façon de se mouvoir qui rendait les hommes dingues de désir et cette incroyable innocence, par-dessus tout...

Elle est morte le jour où nous voulions nous marier, brûlée vive.

Nous roulions tranquillement, heureux comme deux mômes qui font l'école buissonnière, sur cette route du Midi éclaboussée de lumière. Et puis soudain, à l'arrière, un choc violent, le prélude de la catastrophe : une voiture avait dévié de sa trajectoire, nous précipitant contre une seconde automobile, puis sur un camion, qui a explosé. Presque immédiatement, notre véhicule s'est embrasé. Comme je n'étais pas attaché, j'ai pu me dégager, puis j'ai fait tout ce que j'ai pu pour sortir Michèle de cet enfer. J'étais en état de choc, mais je me suis démené pour la tirer de là. Impossible. Cette saloperie de ceinture... C'était complètement dément, ces flammes et son si beau visage au milieu... J'aurais dû me trouver à ses côtés, être dévoré par le feu avec elle... *On* a choisi de m'épargner. Pourquoi moi et pas elle ? C'est une question à laquelle je préfère ne pas donner de réponse. Michèle n'était plus consciente, j'en suis certain, lorsqu'elle a été engloutie par le brasier.

Elle est repartie vers Dieu paisiblement, malgré cette mort affreuse.

Michèle était très croyante, sublime et très étrange. Elle gardait toujours des photos de ses amis morts, des fleurs et des feuilles mortes, alors qu'elle-même reflétait la vie dans toute sa splendeur.

Moi, je me suis retrouvé salement amoché, à l'hosto. J'en souffre aujourd'hui encore dans ma chair. C'est depuis cet accident que je boite. Ce n'est pas important : Michèle, elle, en est morte.

Je n'aime pas parler de ces choses. Pourtant, avec l'âge, j'ai parfois l'impression que ces événements se rapprochent, que le temps se concentre comme si c'était arrivé hier. J'ai tenu le coup, après l'accident. Je n'ai pas sombré dans la dépression, il fallait simplement continuer. Reprendre les choses là où je les avais laissées. De toute façon, il paraît que je ne fais pas partie des gens qui se suicident ! Je ne sais s'il s'agit de courage ou de lâcheté. Probablement n'y a-t-il en la matière rien de systématique.

Beaucoup d'amis m'ont aidé, Grace Kelly est même venue me voir quand j'étais alité, m'apportant un pot de mes confitures préférées. Je n'avais jamais rencontré la princesse auparavant. Elle s'est rendue à mon chevet avec deux de ses enfants. La princesse Caroline et le prince Albert, je crois... J'ai été ébloui... Ensuite, le prince, la princesse et leurs enfants sont restés dans mon cœur. Et aujourd'hui encore... Ô nostalgie !

Pendant longtemps – sans le montrer –, je suis resté sous le coup de cette immense douleur. Je repensais à certaines des angoisses de Michèle, à des détails qui ressemblaient à de mauvais pressentiments. On ne peut pas s'en empêcher, on tente de comprendre, on se torture... On se raccroche aux souvenirs. Jusqu'à ce qu'on parvienne à les laisser s'envoler. Le temps ne change rien à l'affaire. Malgré toutes les prières, l'oubli n'arrive jamais. On apprend à faire taire la douleur, c'est tout... Et le chagrin.

Nous avions chacun une petite bague, figurant deux petites mains qui se tenaient. Sa bague à elle avait disparu, on ne l'avait pas retrouvée sur ce qui restait de son corps.

Mais un ou deux ans plus tard, alors que je montais *Crime et châtiment* à Paris, dans le théâtre du même nom, j'ai reçu mon « second avertissement ».

J'habitais dans un petit studio situé à l'intérieur du théâtre dont j'assumais la responsabilité artistique et qui se trouvait face à la caserne des pompiers. Tout ce que je possédais s'y trouvait : une table et deux chaises, un canapé, quelques frusques de rechange et un camping-gaz. Un soir, juste avant une représentation, on est venu m'avertir dans mon bureau qu'un incendie venait de se déclarer dans le petit studio. Le temps que j'y retourne, tout était en cendres, le studio avait littéralement fondu, tout avait brûlé. Et là, un pompier est venu vers moi et m'a tendu l'unique chose qu'ils avaient retrouvée dans les décombres : la petite bague de ma femme disparue. J'ai alors eu la sensation qu'*on* avait voulu l'éloigner de moi, me l'enlever. J'ai l'impression qu'*on* m'a enlevé un être cher qui me distrayait de ce que je devais tenter d'accomplir. C'était pourtant bien avant que je monte le spectacle *Un homme nommé Jésus*, je n'y pensais pas, il n'en était pas question.

Avec Candice, ce n'est pas pareil, je crois que nous cheminons ensemble dans la même direction. C'est cohérent.

Depuis l'accident me poursuit cette idée terrible qu'un sursis m'a été accordé. Peut-être n'avais-je pas encore fait ce que je devais ? Peut-être n'avais-je pas réalisé ce à quoi j'étais destiné ? Je crois qu'il faut rester humble face au destin. Nous sommes des êtres faibles, animés de contradictions. Nous devons les assumer, sans complaisance. Le moi n'a aucune importance. Lorsqu'on réalise à quel point on est vulnérable, on parvient à faire abstraction du narcissisme, de l'égocentrisme, de la mégalomanie. J'ai abandonné toutes ces illusions sur la route, avec Michèle.

D'ailleurs, dans le village où elle a été enterrée, il y a une pierre tombale à mon nom, près de la sienne ! Ce n'est pas une blague, je l'ai vue de mes yeux… Enfin, pas immédiatement après, car j'ai mis longtemps avant de me rendre dans ce cimetière, ce que beaucoup de gens ont pris pour de la froideur ou de l'indifférence. On a pu douter de mes sentiments : se recueillir sur une tombe n'éveille tout simplement rien en moi. Je n'ai pas appris à m'émouvoir ainsi. Ce que je livre aujourd'hui, entre ces lignes, est infiniment plus intense. La parole me libère et m'étouffe à la fois. Parce que je suis un survivant.

C'est très compliqué, je n'ai pas envie d'expliquer cette histoire en détail, mais beaucoup de gens m'ont cru mort avec elle. À quatre millimètres près, la moelle épinière aurait été touchée et je ne serais effectivement plus de ce monde… Une peur terrible m'en est restée.

Car j'ai l'impression que le diable aussi est intervenu.

Quand on m'a transporté à l'hosto dans la nuit, à

Valence, j'étais incapable de marcher (si je l'avais pu, je me serais flingué). J'ai posé ma main contre le mur de ma chambre et je jure devant Dieu qu'à ce moment-là j'ai vu le démon. J'ai eu la vision du diable en ombre chinoise. Ce n'était pas seulement ce que je voyais, c'était aussi ce que je ressentais, très profondément. Toute l'atmosphère autour de cet accident était imprégnée de malignité. Ce n'était pas un accident comme un autre.

Mais je ne veux pas en savoir plus, je n'ai jamais cherché à le savoir. Je refuse de revoir ça. J'ai trop peur.

Je préfère tenter l'amnésie.

L'œil de Dieu

~~~

*I*l est présent dans toute ma vie, Il est le but de mon existence, de mon travail, Il motive tous mes efforts, toutes
mes pensées, à chaque instant. Il se manifeste à moi
comme à tous ceux qui guettent et espèrent Sa présence. Je
ne sais pas qui Il est. Je sais qu'Il m'envoie des signes, qu'Il
essaie de me faire comprendre des choses, qu'Il me parle et
me sollicite. Mais je ne sais pas qui est Dieu.

C'est une présence, une force, l'énergie qui fait naître
la vie, qui anime les êtres et parcourt le monde. C'est un
tourbillon qui m'emporte, un pouvoir qui m'inonde, se
répand dans mon corps et mon esprit. Comme disent les
musulmans, Il est comme le sel dans l'eau des océans : on
ne le voit pas, mais Il est omniprésent, indissociable de
l'Univers qu'Il a créé.

Je Le croise tous les jours.

Je Le rencontre parfois dans le regard d'une personne
inspirée, dans une œuvre de génie, en entendant une
musique qui me bouleverse, en écoutant le vent dans les
ramures, en discutant avec un ami que j'aime.

À mesure que s'écoule le sablier de ma vie, Dieu
s'impose à moi avec toujours plus de force.

Il m'observe, sait qui je suis, où je vais. Incontestablement, Il a l'avantage sur moi ! Car j'ai beau savoir que je
chemine en Sa compagnie depuis toujours, je n'ai jamais
compris où Il désirait m'emmener.

Pédagogie

Il ne faut pas dire aux enfants : « Tu ne voleras point ! »
Pas la peine ! Il vaut mieux expliquer : « Si tu voles,
c'est toi que tu voleras. » Il ne faut pas leur dire « Tu ne
tueras point », mais plutôt : « Deviens un assassin si tu
veux, mais sache d'abord ce qu'est un assassin. »

Les grands de ce monde

D urant l'Occupation, mon père m'avait délivré ce conseil en forme de parabole (mode d'expression qu'il affectionnait entre tous et qui lui permettait de me transmettre quelques conseils de vie sans en avoir l'air) :

— Ne te lie pas avec les grands de ce monde.

C'était la morale d'une fable quelque peu tirée par les cheveux et cependant très édifiante : un renard cupide en maraude aperçoit un lien de cuir qui dépasse d'un buisson. Il imagine qu'une besace a été perdue là, certainement remplie de pièces sonnantes et trébuchantes. Maître goupil a beau s'échiner, il ne parvient pas à tirer l'objet pour l'emporter. En désespoir de cause, il noue solidement sa queue à ce qu'il identifie comme la lanière du havresac et tire comme un forcené... Agitation et vacarme dans le buisson : un gros chameau se lève, terrifié par cette bête rousse accrochée à sa queue ! Il prend aussitôt la poudre d'escampette en entraînant le misérable animal dans sa fuite. Messire loup, voyant passer son compère renard en si fâcheuse posture, l'interroge au passage :

— Hé donc, le rouquin, pourquoi es-tu ainsi bringuebalé ?

— Un peu de tenue, ne hurlez pas : je me suis lié avec un grand ! lui répond l'infortuné avec une belle ironie...

— Qui te conduit où ?

— À la tannerie ! crie Renard avant de disparaître dans un nuage de poussière...

Mon père n'a jamais accepté de céder aux caprices des puissants. Bien évidemment, il a refusé de jouer pour l'occupant durant la guerre. Sa philosophie n'a varié en aucune circonstance. Mon père était un pur.

J'essaie de l'imiter. Je suis spontanément sur la défensive lorsque je me trouve face à un homme de pouvoir qui ne manifeste pas la moindre humilité. Cette inconscience me gêne terriblement. Ce manque d'intelligence me sidère ! Je crois en effet que le premier n'existe qu'en fonction du deuxième et du dernier : si tu es premier, abruti, tu n'y es pour rien ! Il y a seulement la chance, les circonstances, tu es plus beau ou moins laid, tu es peut-être plus doué, bravo ! Mais si tu ne te mets pas à la disposition du dernier, si tu ne prends pas garde à lui, alors tu es cuit. Un jour, il te rattrapera. Lui ou un autre...

Je méprise ceux qui gaspillent leurs talents ou leur pouvoir en ne les utilisant qu'à des fins strictement personnelles. Leur réussite est un affront pour les démunis, mais c'est un moindre mal. Je méprise surtout ceux dont la fortune est bâtie sur la peine et le sacrifice des plus faibles, intentionnellement ou non. Le Christ a dit d'eux : « Les premiers seront les derniers. »

Le grand œuvre

Quel que soit son destin, si grande que soit sa puissance destructrice, je demeure persuadé que l'humanité est le chef-d'œuvre de Dieu, ne serait-ce que parce qu'Il nous a créés à Son image. À quelque chose près, on aurait même pu atteindre le « grand œuvre » : cette matière folle et brute qu'est l'homme aurait pu se transmuer en or, prendre toute sa dimension et toucher à la perfection.

L'être humain n'est pas étranger au sublime. Sa nature profonde recèle des trésors, que la société ne manque pas de pervertir irrémédiablement... Je suis d'accord avec Jean-Jacques Rousseau lorsqu'il avance que l'homme est fondamentalement bon (bien que je n'aie lu aucun de ses traités philosophiques !). Le mal est acquis, pas inné. C'est la vie qui se charge de nous ratatiner, de faire de nous des créatures tordues au cœur desséché. Seul l'espoir de Dieu peut encore attiser les derniers feux de notre humanité défaillante.

Sous le signe du loup

Parmi les êtres mystérieux qui ont enchanté mon enfance, il s'en trouve un qui ne m'a jamais quitté, qui veille sur moi et dont je ne m'explique pas l'influence. Il fait incontestablement partie de ma vie spirituelle, dans ce qu'elle recèle de plus archaïque. Je crois en effet que nous avons tous en nous une part d'animalité qu'il ne faut pas négliger ni oublier. Le nier me semble une erreur susceptible de conduire aux pires extrémités. Mais si nous nous efforçons d'apprivoiser cette bête qui vit en nous, je suis certain que nous pouvons devenir meilleurs, plus tolérants, plus intuitifs. Aucun animal ne tue ni ne se bat pour le plaisir, aucune bête ne pratique la torture...

Je suis né sous le signe du loup. Il me guide dans ma vie d'adulte. Il est mon totem, mon ami fidèle, mon double de lumière. Il m'a inspiré à la fois de la terreur et un émerveillement sans pareil. Je me souviens de la première fois qu'il m'est apparu.

J'étais encore englué de sommeil, emmitouflé entre mes draps tièdes, dans une maison d'enfance qui se trouvait en pleine campagne, je ne sais plus où, car c'est probablement mon plus ancien souvenir. Quelque chose m'a tiré de mes songes, une sensation inexplicable, le sentiment irrationnel d'une présence. Je n'avais pas l'intuition d'une menace, pas le sentiment de me trouver en danger, mais plutôt d'être épié par une entité sauvage et curieuse. Les rayons du soleil filtraient par les volets entrouverts et rebondissaient sur les murs de ma chambre. Je me suis naturellement tourné vers la lumière. C'est alors que j'ai distinctement vu la tête d'un gros loup gris, aux yeux de jade sombre, qui m'observait fixement. Je me suis aussitôt réfugié sous les draps, sachant mon abri illusoire... Un grand moment s'est écoulé avant que je ne refasse surface. Anxieusement, j'ai de nouveau regardé vers la fenêtre. L'animal avait disparu dans le paysage forestier auréolé par la douceur matinale. Il avait disparu sans laisser de traces. Sauf dans mon esprit d'enfant.

Depuis que j'ai porté mon regard sur ce loup, j'ai grandi en sachant qu'il était mon semblable. Mon parcours cahoteux, mes excès et ma solitude lui ressemblent. Comme lui, je suis une créature du silence, échappée de la nuit primordiale, décontenancé par l'inutile exubérance humaine. Dès ma naissance, j'ai entendu parler de multiples langues, j'étais dans mon berceau comme au cœur même de la tour de Babel, j'étais effrayé de ces discordances et de cette incompréhension viscérale entre les humains. C'est pourquoi je préférais me réfugier dans le giron de la nature, écouter, sentir, respirer, laisser libre cours à mes sensations. Dans l'univers parallèle qui constituait mon suprême refuge, rien ni personne ne pouvait m'atteindre. Et mon mentor, mon seul compagnon, demeura à tout jamais le loup.

Je suis certain qu'il était présent, d'une manière ou d'une autre, lorsque je suis venu au monde. Il est une bénédiction pour moi. J'ai toujours été attiré par les loups, mais ils m'ont foutu la paix. Ils n'ont cependant jamais cessé de me suivre, notamment à travers la littérature. Et je me voyais en train de cavaler avec eux à travers les steppes, dans la neige, entendant leur appel nostalgique et leur chant profond... Quand j'étais adolescent, je continuais à rêver d'eux, à me promener avec eux en esprit. Le loup est rattaché à ma vie, à mes souvenirs, à ma nostalgie slave. Il ne me quitte pas et, aujourd'hui encore, le symbole du théâtre Marigny est une tête de loup... Je donnerais tout pour en avoir un à mes côtés et vivre libre avec lui... Je rêverais d'être recueilli par une meute ! Rien que de les évoquer me rend heureux, c'est le miracle des loups ! Je suis comme eux : solitaire, traqué et libre.

Certains m'ont dit que j'ai l'allure d'un loup, que je possède son côté carnassier, son regard à la fois prédateur et victime. Je me reconnais dans cette dualité, elle dirige mon destin et guide mes pas... Comme lui. Je retrouve toujours mon frère loup là où je l'attends le moins, à la lisière d'un jour nouveau, d'une aventure nouvelle : il est l'emblème de Reims, où je suis né une seconde fois. Cette ville m'a nourri et aidé à grandir, comme la louve de son étendard a allaité Romulus et Rémus. En sept ans, je suis devenu un autre. Je suis devenu moi-même. Le loup qui sommeillait en moi s'est éveillé.

DEUXIÈME PARTIE
UN HOMME NOMMÉ JÉSUS

Introduction

Il fallait que je monte les Évangiles. Il fallait que je réponde à cet appel pressant, incessant, à ces « voix » et à ces « visites », que j'essaie d'apaiser cet étrange « feu sacré » qui embrasait mon esprit et taraudait mon âme.

Il y eut donc Un homme nommé Jésus, *puis, quelques années plus tard,* Jésus était son nom. *Ces deux spectacles sont l'aboutissement logique de tout mon travail. Et de bien plus encore... Un témoignage, la transmission d'un message, une tentative pour parler à mes semblables et essayer, si possible, d'éveiller quelques consciences...*

La vie est une chose magnifique que Dieu nous a donnée et pour laquelle le Christ a sacrifié son existence terrestre. J'ai voulu Lui rendre hommage, sans pour autant jouer les théosophes ou les prédicateurs. Je me suis simplement accroché à mes rêves. Et ça a marché ! Des milliers de gens sont venus, se sont déplacés et ont payé pour assister à cette histoire magnifique, vieille de deux mille ans. Deux mille ans d'erreurs, d'incrédulité, d'indifférence. Parce que nous n'avons pas su entendre la parole de Jésus. Elle est toujours d'actualité. Sa résurrection, c'est son legs déposé en chacun de nous : sa foi est transmissible, accessible, contagieuse, pleine d'amour. Elle se résume en un mot. Espoir.

Un homme nommé Jésus

—◆—

Je me flatte d'avoir déplacé des montagnes grâce à la foi. Des montagnes d'incompréhension, d'incrédulité, de bêtise, d'ignorance. Depuis plus de vingt ans, je voulais monter les Évangiles. Je ne sais même plus comment l'idée m'en était venue. Elle s'était imposée à moi sans que je m'en rende compte. Elle avait fait son chemin toute seule dans ma caboche ! J'en étais véritablement obsédé, jour et nuit j'étais envahi par des images, des sons, des couleurs, je voyais tout. J'y étais déjà. J'écoutais prêcher cet homme, ce fils de charpentier qui était arrivé pour nous dire : « Vous étiez des êtres déchus du paradis, des ingrats, des indignes, des pourris. Dieu vous a accablés de calamités, la haine, la guerre, la famine, la cruauté, la bêtise vous ont décimés. Vous avez assez payé et Il vous a pardonné. Vous pouvez entrer à Ses côtés dans l'éternité. Aimez-vous les uns les autres ! Et allez en paix : c'est la bonne nouvelle qu'Il m'a chargé de vous transmettre. »

Pour racheter définitivement l'humanité, cet homme n'a pas hésité à se sacrifier, à se laisser crucifier, à souffrir dans sa chair et son âme, appelant son Père au secours... Pour que son message d'amour se perpétue à travers les siècles, il est mort et a ressuscité.

Pour monter *Un homme nommé Jésus*, il m'a fallu, à mon tout petit niveau, braver les préjugés qui encombrent le monde du spectacle, et surtout convaincre les producteurs de me donner les moyens de réaliser mon projet. Personne n'y croyait. On m'objectait que cela n'intéresserait qu'une poignée de gens, de chrétiens, qu'à notre époque de

technicité et de matérialisme ce genre d'histoire était...
dépassée !

Dépassé, l'amour ? Dépassé, le partage ? Je ne voulais
pas y croire, même s'il m'est arrivé d'avoir des moments
de découragement : pas à cause de la réticence de mes semblables, mais parce que je savais que cette histoire ne pouvait voir le jour qu'avec Son aide, à Lui. Peut-être ne voulait-Il pas que je réalise ce spectacle ? Heureusement, ces
moments de doute ne résistaient pas à la conviction qui
grandissait en moi jour après jour.

Le Nazaréen est venu, voici vingt siècles, pour transmettre le seul message qui pouvait sauver l'humanité. Je
crois que Dieu a voulu nous ôter ce carcan de culpabilité
dans lequel nous nous sommes enfermés... Il a voulu nous
dire sa foi en l'homme, mais nous, nous l'avons ignoré :
que de crimes, que de génocides aura-t-on commis au nom
de la miséricorde ou de la liberté ! On n'a rien compris,
rien appris... Peut-être est-il encore temps ?

Cependant, qu'on soit croyant ou pas, qu'on soit agnos-
tique ou sceptique, le « phénomène Jésus » ne laisse personne indifférent. De cela, j'ai toujours été certain. Jésus a
su faire vibrer le cœur de ses contemporains, en Galilée
et en Judée, puis dans le monde entier. Ses paroles ont été
rapportées par quatre évangélistes, dont le premier a
couché son récit sur le papier trente-cinq ans seulement
après la mort du Messie. Les quatre versions de l'histoire
comportent des dissemblances, des contradictions secon-
daires, mais s'accordent sur l'essentiel. Le dernier Évangile est le plus riche, sur le plan théologique, symbolique,
événementiel. Il pose les fondements d'une religion nouvelle, destinée à traverser les millénaires... Impossible de
ne pas discerner la vérité entre les lignes !

Je le crois. Je crois.

Peu m'importent ceux qui ne veulent pas voir

l'évidence : c'est une affaire personnelle, intime, une question de conscience. Chacun doit suivre son chemin avec le plus d'honnêteté possible. C'est tout ce qui compte.

Ma route s'est éclairée en 1983, l'année où j'ai enfin pu monter *Un homme nommé Jésus*. À force de persévérance, je suis parvenu à rallier suffisamment de monde à ma cause, j'ai trouvé des fonds. Le succès des *Misérables*, en 1982, n'a certainement pas été étranger à ce revirement. Tant mieux ! Je reste persuadé qu'il n'y a pas de hasard, que tout se construit progressivement, et qu'il faut franchir bien des étapes avant de toucher enfin au but. À l'époque, je me souviens d'avoir déclaré dans une interview : « J'ai tout investi dans cette aventure : mon argent, mes enthousiasmes, le talent des gens que j'aime. Je ne sais pas comment elle sera perçue. On a dit des *Misérables* que c'étaient l'Évangile du XIXᵉ siècle. Les gens d'aujourd'hui sont-ils encore sensibles à l'Évangile ? Si on me pose la question, moi je réponds : oui ! » J'ai mis beaucoup de spiritualité dans cette adaptation de Victor Hugo. Beaucoup d'amour (et pas seulement parce que Candice a accepté, pour mon plus grand bonheur, de jouer Éponine…). Le public l'a senti et m'a suivi. Je savais que nous pouvions aller encore plus loin… Rien n'aurait pu m'arrêter.

Les producteurs ont enfin admis que le message de Jésus pouvait toujours être d'actualité, que les gens pouvaient se déplacer – et payer leur place ! – pour assister au spectacle des Évangiles. Ils ont accepté de me faire confiance malgré mes méthodes de travail peu orthodoxes : je ne constitue jamais de dossier, je ne fais pas de fiches, je ne prends pas de notes préliminaires. Je n'analyse pas, je ne décortique pas ! J'explique ma vision des choses. Il faut me croire sur parole. Croire en mon enthousiasme, suivre ma passion, accepter ma fougue. C'est comme ça, je n'ai jamais procédé autrement. Évidemment, il arrive que ça coince !

Mais je ne me laisse pas faire, je repars à la charge, je raconte, je joue des scènes, je fais naître des personnages sous les yeux de mes interlocuteurs. Je ris, je pleure, je vis et je meurs s'il le faut, avec sincérité. Je suis comédien.

Je suis un possédé de Dieu.

Grâce à ma foi, j'ai déplacé des montagnes et j'ai su voir ce que d'autres ne voyaient pas. Pendant la réunion de production la plus cruciale, celle où il devait se décider – ou non – de monter le spectacle, s'est déroulé un premier événement étrange. On discutait chiffres, on additionnait les milliards, on comptabilisait, j'écoutais tout ça d'une oreille distraite, je m'emmerdais... Et soudain, mon regard a été attiré par quelque chose, à l'arrière-plan, sur le côté. Ça crevait les yeux ! C'était là et personne n'y accordait la moindre attention... Je n'ai pas pu réprimer mon émerveillement, je me suis mis à hurler comme un gosse : « Là-bas, regardez ! Regardez ! », en pointant du doigt ce que les incrédules ne pouvaient pas distinguer. Ils se sont tous retournés, certains n'ont pas tout de suite pigé, d'autres étaient écroulés de rire. Quelques-uns sont restés silencieux. Dans la salle où nous étions réunis se trouvait un immense échafaudage. Un truc complètement anodin. Sauf que celui-là comportait en son centre... une immense croix, aux proportions parfaites. Même ceux qui se sont foutus de ma gueule l'ont vue. Si j'avais rêvé, si ça n'avait pas eu de sens, si ce symbole n'avait été qu'une illusion de ma part... personne ne l'aurait vu.

Je me fiche pas mal qu'on me prenne pour un fou, j'en serais même plutôt flatté. Mon imaginaire m'ouvre des horizons que beaucoup n'atteindront jamais. Ma sensibilité exacerbée me permet de visiter des contrées douces et belles, terribles et infinies. J'exprime et je vis ce que la plupart des gens ne font que soupçonner.

Il vaut mieux dire que je suis fou, c'est commode, c'est

arrangeant : on me laisse passer devant pour voir si le terrain n'est pas trop glissant...

Pour *Un homme nommé Jésus*, j'ai adopté une méthode de travail encore moins académique que d'ordinaire. J'avais un puzzle à reconstituer. Tous les morceaux étaient là, à se bousculer sous mon crâne, il suffisait d'y mettre un peu d'ordre. Je n'avais pas de scénario, d'ailleurs le principe même d'en écrire un me semblait complètement saugrenu : le texte de l'Évangile se suffit à lui-même. Tout y est : le décor, les personnages, l'intrigue, l'ombre et la lumière... Rien à ajouter ! Rien à inventer ! Restait seulement à choisir ce que nous voulions montrer et comment il fallait procéder.

Pour être tout à fait franc, je dois préciser que je me suis lancé dans cette aventure avec naïveté et innocence : je n'avais jamais lu la Bible avant de monter le spectacle ! Les textes de Jean, Luc, Matthieu et Marc m'étaient parfaitement inconnus. J'avais une approche quasi instinctive des Évangiles, j'en connaissais la substance. J'en comprenais l'esprit sans en avoir étudié la lettre. Comme il fallait bien que je m'y attelle, j'ai demandé à mes assistants où je pouvais me procurer le Livre. Ils m'ont emmené dans une librairie du quartier Saint-Sulpice. Je voulais un texte très serré, très simple, et avec beaucoup d'images ! Il fallait que je voie les choses avec encore plus de clarté, je n'allais pas me lancer dans une exégèse ! *Un homme nommé Jésus* devait être évident pour tous, il devait parler à l'enfant comme au vieillard, à l'universitaire, à l'ouvrier, aux croyants et aux incroyants. Je voulais faire appel à l'intelligence du cœur.

J'ai donc acheté une édition destinée aux enfants.

Il me semble que c'est la meilleure approche possible : il faut redécouvrir les Évangiles avec une âme d'enfant. Humble et étonnée. En se débarrassant de tout ce qui encombre l'univers des adultes. En oubliant les préjugés et les conventions, en s'allégeant de tout ce qui nous lie au quotidien.

Mon fidèle ami Alain Decaux m'a guidé dans cette voie. Ensemble, nous avons choisi parmi les quatre Évangiles les scènes qui paraissaient les plus émouvantes, les plus parlantes, les plus importantes. C'était un travail ardu, intense, passionnant, bouleversant. Alain est croyant, mais, contrairement à moi, très cartésien, comme tout historien de grande renommée qui se respecte. Pourtant nous nous sommes parfaitement entendus. Nous avons fait notre choix avec une étonnante facilité. Ensuite, j'ai lâché la bride à mon inspiration. Tout est rapidement devenu lumineux, limpide. La magie a pris possession des lieux : le palais des Sports est devenu la terre de Galilée, le temps s'est contracté et le voyage a commencé…

Rien qu'en regardant un mur, je voyais les scènes se dérouler, s'animer. J'étais plongé dans une sorte d'état de grâce. D'habitude, on monte un spectacle et on plaque la musique par-dessus ; cette fois-là, c'était le contraire, j'avais sélectionné des morceaux dont le *timing* correspondait à la seconde près aux scènes que ces airs devaient illustrer. Normalement, on ne peut pas prévoir ce synchronisme ! Je n'avais jamais vécu une chose pareille. Même Decaux en est resté perplexe. Les problèmes s'aplanissaient comme par enchantement, rien n'achoppait, aucune difficulté n'était longtemps insurmontable. Et il régnait parmi nous tous un esprit… de véritable fraternité. Aucune dispute, aucune querelle. Ce n'était pas un spectacle comme les autres. Aucune prise de bec pendant les répétitions ou les représentations : inimaginable, d'habitude ! L'équipe des techniciens et des comédiens se composait de gens issus de tous les milieux, de toutes les cultures, il y avait des juifs, des musulmans, des chrétiens... Mais tout ce petit monde vivait en parfaite harmonie, sans heurt, sans aucune violence. Et le plus fort, c'est qu'ils trouvaient cela tout naturel ! Alors qu'il suffit, dans la vie de tous les jours, de mettre deux groupes, deux ethnies ou deux membres de différentes religions face à face pour que ce soit le conflit ! S'il fallait une seule preuve qu'il est possible, pour les humains de bonne volonté, de vivre ensemble, alors je crois que nous l'avons eue à ce moment-là.

J'en avais rêvé depuis toujours et cela se réalisait enfin...

J'étais dans un état second, oscillant entre l'euphorie et la transe, la joie absolue et le trouble. J'étais bouleversé par une multitude de phénomènes invraisemblables qui se manifestaient à moi.

Un jour, un curieux personnage a débarqué pendant les répétitions du spectacle. Je l'ai tout de suite repéré, il est venu et s'est assis, tout simplement. Comme si sa place était là, incontestable. D'ailleurs, personne n'a pensé à lui demander de sortir, on n'a même pas osé lui adresser la parole. Bizarrement, je ne me souviens plus de son apparence physique. Il se découpait souvent en clair-obscur, on discernait seulement sa silhouette. Il était grand, avec des gestes plein d'assurance. Il est revenu à plusieurs reprises, comme pour s'assurer que tout se déroulait bien. Il écoutait très attentivement, j'avais l'impression qu'il était là pour m'entendre dire certaines choses sur scène, puis il repartait. Il a disparu aussi mystérieusement qu'il était venu. Je n'ai jamais su qui il était.

Cette atmosphère mystique – évangélique – nous perturbait beaucoup, mais surtout nous faisait énormément évoluer. Bien que je n'en aie pas vraiment parlé avec la troupe, je suis persuadé qu'un grand nombre d'entre nous a changé pendant cette expérience.

En ce qui me concerne, je savais précisément et sans l'ombre d'un doute ce que je *devais* faire. Prétendre raconter une partie de la vie de Jésus et l'adapter à la dimension d'une scène – si grande fût-elle – constituait un pari fort audacieux. Au début, les gens s'étaient marrés, personne n'y croyait. Mais je l'ai fait. C'était la suite logique de ce que j'avais entrepris à Reims, tous les auteurs que j'avais adaptés m'y avaient conduit : Dostoïevski, Gorki, Lorca, Hemingway. Tous possédaient cette sacralité à laquelle j'étais si sensible et que je recherchais avant même de le savoir. Je suis maladivement croyant, et je pense que Jésus, qu'il soit réellement ou non le fils de Dieu, a tout inspiré : l'art, la philosophie, les doctrines... et les droits de l'homme. Romanciers et artistes, humanistes, athées ou croyants, personne n'a échappé à son influence. Le Christ est un homme du passé, mais il pourrait tout aussi bien être né aujourd'hui. Son message n'a pas été suffisamment entendu, mais il a touché des millions d'hommes à travers les siècles et les continents.

Il est *vivant*.

Ce qui me renvoie au choix de celui qui serait l'interprète principal du spectacle...

Il me fallait deux Christ, pour assurer les représentations en alternance. J'avais déjà choisi « mes » apôtres, la centaine de figurants, le peuple, les costumes et le décor. Catherine, mon assistante, et moi avions procédé comme d'habitude pour le casting. Sauf que je lui avais dit : « Pas la peine de trop chercher, pour ceux qui seront le Christ ! Ils viendront tout seuls... »

Nous étions en plein mois d'août, le tonnerre grondait, il régnait un climat de fin du monde... ou de renouveau... Le palais des Sports ressemblait à une arche paisible au milieu de la tourmente. Nous venions de commencer les « répètes ». Soudain, on frappe à la porte de

mon bureau (véridique ! Je jure que c'est vrai !). J'ouvre
et je me trouve nez à nez avec un jeune homme brun, aux
longs cheveux dégoulinants de pluie, qui me dévisage en
silence avec un regard presque hypnotique. Il s'assure
qu'il se trouve bien en face de la personne qu'il cherche...
Oui, oui, c'est bien moi, Robert Hossein... Et que puis-
je ?... Calmement, posément, ce type me balance, sans
autre préliminaire : « Je viens de Nîmes, en auto-stop. Je
suis charpentier, mais je voudrais devenir comédien. Je
suis votre Jésus. » Paf ! Comme ça ! Que me restait-il à
faire ? J'ai gueulé ma joie et je lui ai ouvert les bras, bien
sûr ! C'était lui, je le savais, il était venu me trouver ! Bon,
j'avais déjà engagé un autre comédien – blond comme les
blés – dont j'étais très content. Mais il me fallait aussi
celui-là, il était trop miraculeux ! La production a
rechigné, ils ne voulaient payer qu'un seul Christ. J'ai pro-
posé de m'en charger personnellement et ça s'est arrangé.
J'attendais depuis trop longtemps, je ne voulais pas
lésiner. À la fin, les producteurs se sont montrés compré-
hensifs et ont assumé.

Mes deux Jésus s'entendaient très bien. Il y a seulement eu bisbille au moment de décider qui allait jouer lors
de la première : le blond ou le brun ? Ils ont voulu tirer ça
à la courte paille. Le Nîmois a gagné. Le blondinet râlait.
Il m'a fallu intervenir et juger avec autant d'impartialité
que Salomon lui-même : « D'accord mes potes ! Dans ce
cas, l'un jouera la première partie de la soirée et l'autre, la
seconde ! » Plus personne n'a moufté. Quant au public, ce
soir-là, il n'a vu que Jésus : brun ou blond, la différence
est passée inaperçue. Il admirait le même personnage...
Cela s'est-il réellement passé ainsi ? Je n'en suis pas si sûr.
Entre désir et réalité, il y a de la marge.

Un homme nommé Jésus était un spectacle sans dialogues. Je racontais les Évangiles en voix *off*, je parlais

pour les apôtres, pour tous les autres personnages. Sauf pour le Christ, dont les paroles étaient également préenregistrées par un acteur qui n'apparaissait jamais sur scène, et les femmes, dont les voix *off* étaient celles de comédiennes. Aucun rôle n'était donc vocal. Sur les planches, tous les comédiens vivaient au quotidien, sans mimer. Ils ne faisaient pas semblant. Le résultat était étonnant, incroyable. Les costumes étaient en tissu léger, pour un aspect plus souple, y compris le vêtement du Christ. Je n'avais voulu mégoter sur aucun détail... Et j'avais eu raison. On n'avait jamais vu un truc pareil ! D'ailleurs, je me souviendrai toute ma vie de la réaction d'Alain Decaux, venu assister à l'une des dernières répétitions. Totalement épouvanté, il m'a dit : « Mais aucun des apôtres ne parle ? Il n'y a que *ta voix qui devient toutes les voix* ?... Je t'en supplie, arrête tout, recule la date de ton spectacle, change ! Ça ne passera pas... »

Là-dessus, il est parti, effondré. Évidemment, je n'ai rien changé.

Je n'étais plus à ça près : les producteurs m'avaient prédit un bide monumental, convaincus que nous serions confrontés à un phénomène de rejet, avec tous ces mecs à genoux et en prière sur scène... Ils craignaient également la manière dont se déroulerait la scène de la distribution du pain. Extraits choisis entre eux et moi :

— Comment ça, vous allez procéder à la multiplication des pains ?

— Mais oui, c'est très facile... Tout le monde dans la salle va rompre le pain, chacun en prendra un morceau, les gens vont tout partager eux-mêmes... (J'avais dégoté un boulanger extra, à l'autre bout de Paris, qui devait me livrer le pain le plus savoureux de la chrétienté !)

— Vous allez peut-être pouvoir faire ça en répétition, dans une salle de quatre mille places vide, mais en quatre minutes, pendant la représentation, vous croyez que les gens auront leur fichu bout de pain ? Vous rêvez ! Et après, pendant l'entracte, vous ferez quoi ?

— Nous prierons, bien sûr ! Le Christ, les apôtres, tous ceux qui voudront... Et lorsqu'on vendra les programmes et les bonbons, les marchands du Temple se feront chasser !

— Mais vous êtes un exalté ! Vous avez atteint le summum de la dinguerie !... C'est l'apothéose !

— Non, c'est parole d'Évangile... Je n'ai rien inventé, *puisque je le vois*, je sais que ça doit se passer ainsi.

Au début, ils ont eu tellement peur qu'ils ont voulu tout arrêter. Cependant, je n'avais aucune inquiétude. Je n'avais pas pu me tromper : je savais que le spectacle serait monté cette même année, en 1983. *Mes voix* me l'avaient soufflé.

Finalement, tout s'est passé comme prévu.

Tout ce que j'avais prédit est arrivé : le partage du pain, la résurrection de Lazare, le discours sur la montagne, *l'enseignement*... Et puis toute la salle, qui a communié... Cela s'est déroulé dans la plus pure perfection.

Six cent soixante-seize mille sept cent quarante-sept spectateurs ont participé à la bouleversante expérience d'*Un homme nommé Jésus*. Le spectacle a été répertorié dans le *Livre Guinness des records* : un comble pour un spectacle muet, non ? Les croyants croyaient, les sceptiques les plus endurcis finissaient par se poser des questions. J'en avais la preuve tous les jours, avec les centaines de lettres qui me parvenaient. Le spectacle a démarré en septembre. Une cinquantaine de représentations étaient prévues, au mieux. Il y en a eu cent quatre-vingt-onze ! Et encore, parce que la salle était depuis longtemps réservée pour *Holyday on Ice*. C'était le délire ! Pendant les entractes, quand les apôtres s'agenouillaient, des gens du public venaient prier près d'eux, sans avoir reçu le moindre encouragement de notre part : on ne faisait pas la retape ! Les gosses leur apportaient du pop-corn, du soda. Les acteurs ne bougeaient pas, ils restaient comme ça pendant vingt minutes. Certains d'entre eux avaient la foi, d'autres pas. Et pourtant, tous sont convenus qu'il s'était passé des choses inexplicables lors de la mise en scène de ce spectacle. Il s'est produit une bizarrerie de plus, devant toute la troupe au grand complet, pendant une répétition. Que Dieu me punisse si je mens ! Ils ont tous été témoins. À l'époque, je fumais encore. J'étais tranquillement assis dans un des fauteuils du premier rang, à les regarder, à les diriger. Sur un coin de la scène se trouvait un gobelet plein d'eau, dans lequel j'ai jeté ma cigarette encore allumée, le bout complètement rouge, incandescent.

Mais voilà, elle ne s'est pas éteinte.

Alors, pour être certain que je ne fantasmais pas, j'ai fait défiler tous les comédiens devant ce fichu verre. Je ne voulais pas passer pour un illuminé ! Eh, non... Ils ont tous pu le constater : la petite lumière de la braise continuait à briller. La cigarette restait allumée. Dans l'eau.

Voilà ce qui s'est passé la première fois qu'on a joué *Jésus*. Tout cela et bien d'autres choses encore, dont ont témoigné certaines personnes du public : là s'achève mon histoire et commence la leur, qu'il ne m'appartient pas de dévoiler. À eux de raconter à leur tour, s'ils le souhaitent...

Pendant ces quelques mois a régné une grande paix dans mon esprit. Je n'ai jamais eu le moindre doute sur ce que devait être ce spectacle. Pour mes autres pièces, j'ai coutume de consulter mes proches, mon entourage professionnel, par rapport à ma démarche. En revanche, là, je n'ai même pas pensé me confier à qui que ce soit.

Du premier au dernier soir, le public s'est bousculé pour voir *Un homme nommé Jésus*. L'effet d'une vraie traînée de poudre ! Et pourtant, on ne donnait pas cher de ma peau de metteur en scène après ce qui devait être un fiasco retentissant : pensez donc, un spectacle populaire *à message* !

Le soir de la première, j'étais bouleversé, mais je n'éprouvais aucune peur, pas le moindre trac, contrairement à d'habitude. Parce que là, c'était une commande.

Une commande du ciel, tout simplement.

En 1991, j'ai rempilé. Il le fallait, j'avais eu droit à un répit de courte durée, mais je m'y attendais. J'ai obtempéré, me prêtant au jeu de la création pour le compte de Celui qui se manifeste en moi, en nous tous.

D'ailleurs, je le sais maintenant et je peux bien le dire : ce n'est pas moi qui ai monté ces spectacles ! C'est Lui, évidemment.

Probablement m'a-t-Il arrangé des rencontres, des opportunités, d'heureuses « coïncidences » pour que tout fonctionne sans heurts… Comme pour *Un homme nommé Jésus*, mon « personnage principal » est venu à moi sans que je le cherche. Mon nouveau Messie est arrivé sous la forme d'un comédien venu de nulle part qui prétendait s'appeler Jean-Marie Lamour. Je m'étais levé du pied gauche lorsqu'il a déboulé : « Et puis quoi encore ? J'ai pas de temps à perdre avec des conneries ! » lui ai-je gueulé. En le voyant repartir, j'ai été pris d'un doute, j'ai demandé à ce qu'il revienne, à voir ses papiers : il n'avait pas menti… Et il a réalisé, comme ses prédécesseurs, une prestation magistrale. Aujourd'hui, il joue souvent les gangsters, à ce qu'on m'a dit. C'est toujours pareil : ils veulent tous être délivrés de Dieu ! Quelle naïveté !

Pas la peine de se fatiguer. Je suis bien placé pour savoir que c'est peine perdue.

Ecce homo*

Voici l'homme ! Un homme livré à l'outrage, au remords, à la pitié, à la douleur. Un homme nommé Jésus. Cet homme, je l'ai parfois entrevu ou, dans le sillage d'une âme errante, en détresse, j'ai cru le reconnaître. Je sais qu'il existe, qu'il traverse nos tragédies et que ses bourreaux – sous d'autres traits – n'ont pas renoncé à crucifier, à torturer.

Le destin de Jésus, fils de Dieu, tel qu'il a été décrit dans les Actes des apôtres, ne relève pas de ma modeste compétence. Je ne suis pas théosophe. Pas plus prédicateur. Je n'ai aucune autorité pour commenter les textes religieux et cette idée ne m'a jamais effleuré. Ce qui me bouleverse dans la vie de Jésus, c'est l'accord profond, cette harmonie sans faille entre le visionnaire et l'homme. Au milieu du peuple, il parle juste, il ne ment pas. Il énonce la vérité sans égard pour les menaces, les trahisons, les lâchetés. Il ne craint pas, au fond, les faiblesses de l'homme. Jésus en a mesuré toute l'étendue. Et il s'est avancé, les mains nues. Il avait instauré, entre le peuple et lui-même, un échange fondé sur l'espérance. Il ne donnait rien à autrui, sinon la capacité d'embellir l'âme et les gestes de la vie quotidienne. Sa résurrection, c'est son legs déposé en chacun de nous. Pour moi, l'exemple de Jésus vaut en tant qu'il est un homme. Ainsi, sa foi est transmissible, accessible, contagieuse. Elle saisit et convainc les gens simples que le discours des disciples ennuie.

---

* Extrait du texte de présentation du spectacle *Un homme nommé Jésus*.

Le témoignage de Jésus, dans son siècle, appelle à la conscience universelle. Il défie, parce qu'il a subi l'épreuve de la douleur, les barrières de races, de préjugés. Ce témoignage n'est pas le fait d'une Église, la propriété d'une caste. Jésus s'adresse aux humiliés, aux déshérités, à ceux qui souffrent de toutes les formes d'oppression et de la misère. Il renverse sur son passage les ordres établis, les instruments de la tyrannie. Il les prive d'une prétendue providence divine. César n'est que César, c'est-à-dire un stratège qui bat monnaie. Jésus interpelle les grands prêtres qu'il accuse de complicité avec l'oppresseur romain. Il chasse les marchands du Temple. Il dénonce aussi les colères, les folies collectives, la morale des pharisiens. Il élève au rang des saints, des personnes sacrées, une prostituée qu'on voulait lapider, un proscrit moribond, exclu de la société, qui s'éteint, comme un animal abandonné, sur un tas de fumier. Il rachète les éternels damnés.

Qui a condamné Jésus ? L'assemblée des grands prêtres jaloux de leurs prérogatives, de leurs pouvoirs, victimes des illusions de la puissance et de la gloire...

Jésus nous invite à réconcilier l'humanité avec elle-même. Il efface, par son exemple, l'empreinte des barbares issus de nos dérèglements, qu'ils soient antiques ou contemporains. Que nous dit-il ? « Je meurs pour absoudre vos péchés. » Cela signifie : « Vous entrez dans l'existence coupable d'aucun délit. » Il ajoute qu'en deçà de la religion l'homme est le véritable remède de l'homme. Il doit cultiver l'amour du prochain, la tolérance envers autrui et s'empêcher de tuer. Est-ce abusif de croire à tout cela ?

Le baptême

~

À presque 40 ans, j'ai décidé de me faire baptiser selon la tradition catholique.

J'ai fait ce choix lorsque je vivais à Reims, mais je l'ai concrétisé seulement quelques années plus tard, en 1976. Mon dernier fils, Julien, venait de naître et il me semblait impératif de le porter sur les fonts baptismaux. Le moment paraissait propice pour l'accompagner dans ce rite. Pourquoi avoir opté pour le catholicisme plutôt que pour une autre religion ?

À cause des circonstances, de la situation géographique, de la culture dans laquelle je vis. La distinction n'est pas fondamentale, l'important est d'avoir la foi, le reste n'est que fioritures, adaptation, interprétation. Je respecte profondément toutes les religions. Mais je vis en France, mes proches sont catholiques, c'était donc le choix le plus logique.

En outre, j'ai été préparé à ce moment par un ami prêtre que j'aime beaucoup, le père Langer. Il était l'aumônier des gens du spectacle : les saltimbanques ont droit à leur homme de Dieu ! C'est lui qui officiait à toutes nos cérémonies, qui mariait et enterrait les nôtres. Nous avons souvent conversé ensemble, parlant de tout, un peu de Dieu, mais surtout du reste, de philosophie, de la vie, de nos boulots respectifs... Il n'a jamais pratiqué de prosélytisme forcené. Il était plutôt partisan du contraire, aidant seulement ceux qui en éprouvaient le désir à cheminer vers son Église. Il m'a aidé à comprendre quelle était ma quête, ma recherche spirituelle. Il m'a aidé à me poser les bonnes questions.

Je considère que mon baptême n'était qu'une simple formalité. Comme une carte d'identité ou un passeport : c'est bien de l'avoir, ça permet d'être en règle avec l'autorité supérieure !... Et puis Jésus lui-même s'y est plié, Jean-Baptiste l'a immergé dans le Jourdain... Je suis donc passé par là aussi, mais ça n'est guère plus essentiel que cela pour moi. Lorsque le baptême de Julien a été décidé, j'ai demandé au père Langer : « Quand vous aurez trempé Julien, trempez-moi un peu aussi par la même occasion... » Il a accepté de prendre nos deux âmes en charge. Cela s'est déroulé à l'église parisienne de Saint-Roch, près des Tuileries, dans le 1er arrondissement.

J'ai demandé à Jacques Weber de devenir mon parrain et à Frédéric Dard d'être celui de Julien. Au début, ce devait être le contraire, mais au dernier moment j'ai changé d'avis, expliquant à Weber : « Toi, tu es comme moi, un comédien, donc un fauché en puissance ! Toute ta vie, tu risques de courir après le fric. Alors il vaut mieux que Frédéric soit le parrain de Julien, parce que lui n'a pas ce genre de problème. Je préfère lui donner cette responsabilité pour mon gamin. On ne sait jamais... » Voilà pour l'anecdote ! Le reste s'est déroulé avec beaucoup de solennité. Ils ont accepté de nous accompagner sur les fonts baptismaux et j'en ai été très honoré.

Au moment de passer à l'acte, je n'ai pas pu m'empêcher de me dire que le baptême allait certainement modifier ma perspective, que j'allais en sortir transformé, que je serais comme par magie plus proche de Dieu... Mais non. C'est même le contraire qui s'est produit, pendant quelques terrifiantes secondes : je ne comprenais plus rien, je ne voyais plus rien, j'avais l'impression que je venais soudain de perdre la foi ! Heureusement, cette confusion est passée aussi vite qu'elle était advenue.

L'autre conséquence, c'est que j'ai ensuite connu une période de grande sérénité. L'idée obsessionnelle de Dieu s'était estompée : Dieu était en moi, je n'avais plus à me soucier de Lui. Je n'avais plus de marques étranges sur les mains ou les pieds, je dormais mieux, les *visites* avaient cessé.

Cette bienheureuse accalmie n'a évidemment pas été bien longue.

J'ai commencé à éprouver des moments de doute. Avant d'être baptisé, je ne doutais pas. Jamais. Et maintenant, cela m'arrive tout le temps. Je ressens très souvent une sorte d'angoisse. Je me dis que je vis chaque instant dans la crainte de Dieu.

Pourtant, personne ne pourra jamais me faire croire que Dieu n'existe pas.

Ces moments de doute prennent plutôt la forme d'une étrange nostalgie, d'une immense mélancolie qui soudain m'envahit. Je peux même m'écrouler en larmes sans la moindre raison. Et éclater en sanglots de la même façon que si je me trouvais soudain touché par la mort de quelqu'un de très proche, que j'ai aimé et admiré.

Les rencontres

J'ai souvent fait d'étonnantes rencontres.
La plupart ont eu lieu pendant la préparation de spectacles tels qu'*Un homme nommé Jésus*, avec un fort contenu spirituel et religieux. Cela coïncide en général avec ces périodes de ma vie où les visions qui me viennent sont particulièrement nombreuses et perturbantes. Il se passe alors des choses inhabituelles, je me sens bouleversé par certaines images du quotidien auxquelles mes congénères ne font même plus attention, mais qui s'imposent à moi avec une force inexplicable, exactement comme si on m'envoyait un message : des gens couchés sur des bouches d'égout, une vieille femme au regard perdu en train de faire la manche... Mais tout le monde peut voir ces êtres abandonnés au milieu des autres... Pourtant, je ne sais pas, j'ai confusément l'impression qu'*on* les place à dessein sur ma route, comme les pierres du petit Poucet, c'est hallucinant ! Comme s'il s'agissait d'avertissements... Je vous jure que c'est vrai !...

Un jour, peu de temps avant de monter *Un homme nommé Jésus*, j'étais avec mon beau-frère, un type aussi croyant que je suis marchand d'huîtres, et nous roulions boulevard Barbès. On rentrait de la SFP, qui se trouvait là-haut à l'époque. Et j'étais justement en train de lui parler de la foi en général (je n'essayais pas de le convaincre, mais, en tout cas, de lui en parler), quand j'ai vu quelque chose d'incroyable... Il était à peu près treize heures, nous étions coincés dans les embouteillages, la zone était complètement engorgée. D'un seul coup, une créature, oui, une créature (je ne peux pas dire mieux) a traversé et a posé ses deux mains bien à plat sur le capot de notre voiture, comme pour nous stopper... Je dis bien une créature : un être humain, mais blessé, comme un enfant, diminué. Un garçon, un simple, qui m'a complètement bouleversé. Les autres bagnoles klaxonnaient depuis plusieurs minutes, mais à ce moment-là, la cacophonie s'est arrêtée, tout s'est tu, il y a eu un silence de mort. Comme si tout s'était arrêté. Plus rien ne bougeait. On était complètement abasourdis. Il fallait pourtant continuer à avancer, mais nous ne pouvions pas bouger, car il y avait ce garçon immobile juste devant nous, les mains rivées à notre auto... Et autour, personne ne râlait, personne ne réagissait... Enfin, quelqu'un est descendu du trottoir et a pris doucement cet être par les épaules, pour l'écarter du passage. Nous sommes repartis. Et c'était fini. Tout a alors pu recommencer : le bruit, l'agitation habituelle... Et cette créature... de Dieu, cet homme... Je ne peux pas croire que sa présence, ce jour-là, ait été dépourvue de sens.

Ce sont ses semblables, les humbles, qui nous apprennent le plus : sur le monde, sur nous-même et peut-être aussi sur la manière dont Dieu se manifeste à nous. Le Christ était comme eux. S'il revenait parmi nous, je ne suis pas sûr que nous serions prêts à le reconnaître et à l'écouter...

Je peux illustrer mon propos par une autre anecdote. Moins douloureuse celle-là, mais également riche d'enseignement.

Cela s'est passé dans les années 1980, j'étais en voiture avec un ami comédien, qui me raccompagnait chez moi après une journée de travail au théâtre.

Nous parlions de tout et de rien, de la journée, de la pièce qu'on devait jouer... Je regardais les passants d'un

œil distrait. L'un d'eux a soudain retenu mon attention :
il ne marchait pas très droit, à première vue ; j'imaginai
un de mes potes clodos un peu parti dans les vignes du Seigneur... Il faisait froid, il pleuvait, il était bien légitime que
ce pauvre type ait cherché à se réchauffer le gosier ! Mais à
mesure que nous nous rapprochions de lui, je compris que
je m'étais trompé. L'homme ressemblait davantage à un
routard échappé des routes de la soie qu'à un mendiant :
mince et musclé, la peau mate, vêtu légèrement de coton-
nades aux couleurs passées, un catogan soigneusement
lissé sur la nuque. Il serrait un vieux porte-documents
sous son bras et ses pieds nus étaient chaussés de spar-
tiates. Je pus me rendre compte qu'il ne titubait pas du
tout sous l'effet de l'ivresse : celui qui ressemblait à un
intellectuel indien zigzaguait simplement sur la chaussée
pour éviter les innombrables flaques. Il ne faisait aucun
doute pour moi que ce pauvre garçon, contraint à un tel
gymkhana, devait être confronté à de graves problèmes
financiers !

Je bondis donc de la voiture pour lui porter assistance
à ma façon, retirant mes chaussures et m'avançant vers lui
pour les lui proposer. Mon ascète sursauta, me dévisa-
geant comme si j'étais mentalement dérangé, puis
bifurqua d'un bond pour m'éviter... Manifestement, il se
méprenait sur mes intentions ! Avec un sourire encoura-
geant, je me dirigeai de nouveau vers lui, bille en tête et
pompes à la main, brandissant en sus quelques billets de
banque que je glissai dans les chaussures. Pendant que je
gambadais après mon hindou, en chaussettes sous
l'averse, mon copain Jean-Pierre tentait de me ramener à
la raison : « Reviens ! Qu'est-ce que tu fabriques ? Tu vas
attraper la crève ! » J'essayai une dernière fois de
convaincre l'exotique démuni d'accepter mon offrande.
L'air affolé et complètement indigné, il me tourna

précautionneusement le dos et s'enfuit comme s'il avait le diable à ses trousses... Déconfit et trempé, je restai quelques minutes sous la pluie, chaussures à la main, sans comprendre. Je répondis enfin à l'appel de la raison, qui, sous les traits de Jean-Pierre, continuait de m'exhorter à regagner la voiture. Pendant le reste du trajet, je me creusai la cervelle pour tenter de trouver une explication à l'attitude de mon protégé récalcitrant. J'étais déçu, tourmenté par l'idée d'avoir pu heurter sa sensibilité, de n'avoir pas su communiquer... Je fondis en sanglots, presque sans m'en apercevoir. Puis, aussitôt, j'eus la révélation : cet homme avait dédaigné mes chaussures parce qu'il n'en avait tout simplement pas besoin ; il avait choisi de se promener ainsi, nu-pieds sous les intempéries. En essayant à tout prix de l'aider, je n'étais parvenu qu'à l'embarrasser. Et à me couvrir de ridicule. Qui étais-je pour vouloir lui imposer mon mode de vie, mon accoutrement, ma perspective de l'existence ? Involontairement, j'avais fait preuve de vanité, je m'étais conduit avec suffisance et aveuglement.

C'est mon fils qui, spontanément, a trouvé le sens de cette mésaventure en forme de parabole : « C'est plutôt à toi qu'il aurait fallu porter secours ! Au lieu de lui offrir tes chaussures, tu aurais dû demander à ton hindou de t'apprendre à marcher pieds nus... »

Aide-toi et le ciel t'aidera

Je suis un passionné de Dieu, un amoureux de l'infini. Si j'étais un extraterrestre en goguette sur la Terre, je ne cesserais pas de m'émerveiller devant la beauté de la nature, je m'inclinerais devant le génie du Créateur, je distinguerais son empreinte dans le paradoxe qui fait cohabiter sauvagerie et harmonie, férocité et quiétude. Je crois que nous faisons partie d'un système spécifique à cette planète et qu'il existe des cycles qui déterminent l'histoire de la Terre et de l'humanité. En tant que croyant, je pourrais donc parfaitement me contenter de cultiver le fatalisme, et me dire que le chaos du monde n'a guère d'importance, puisque nous ne sommes que de passage.

Mais je récuse absolument cette théorie. La clé de voûte de la création divine est l'humanité, dont l'existence suffit à justifier ma croyance en Dieu. Le seul ennui, c'est qu'Il a laissé sa création en roue libre un peu trop longtemps : deux mille ans ! Et avant que son Fils ne vienne parmi nous pour délivrer son message d'amour et de paix, les hommes avaient eu le temps de prendre de détestables habitudes… Du coup, ils n'ont pas voulu écouter le Messie. L'Éden étant désormais bien loin, le paradis terrestre n'est plus qu'un beau rêve.

Pourtant, je ne crois pas que nous devions nous contenter de croire en Dieu en attendant que la vie se passe et qu'un « monde meilleur » veuille bien accueillir notre âme. Trop facile. C'est bien trop simple de clamer à tous les vents qu'on croit en Dieu puis d'attendre béatement qu'Il pourvoie à tout. L'aspect consolateur de la

religion m'indispose. La passivité des bigots me fait horreur : «Soyez un bon pratiquant, achetez vos indul-
gences, hissez l'étendard de la vertu, vous irez tout droit
au paradis, et si vous avez eu bien des malheurs, vous
serez dûment consolé ! » Non et non ! Je ne veux pas mar-
chander avec le ciel, je ne veux pas croire que la foi puisse
se nicher dans ce credo pour irresponsables. Je pense qu'il
faut mériter de connaître Dieu, mériter d'être pardonné,
et qu'il faut sacrément se remuer pour accéder à la
félicité !

Je crois aussi que le monde serait meilleur depuis des
lustres si les hommes avaient œuvré pour appliquer le
message de Jésus. Certains systèmes ou régimes politiques
iniques ont existé du fait de l'échec même de la chrétienté. Les paroles de l'Évangile, faute d'avoir été
entendues, ont été récupérées par des types dont les intentions étaient loin d'être pures. Les guerres de religion en
sont l'atroce avatar. Nous ne nous sommes pas laissé le
choix.

« Aide-toi et le ciel t'aidera », nous a-t-Il un jour
murmuré…

Dieu et les justes

Je suis convaincu que Dieu croit bien davantage en certains hommes qui ne croient pas en Lui, mais qui font preuve de courage, d'honnêteté, de droiture et de cœur, qu'en certains autres qui se disent croyants et n'ont aucune de ces qualités fondamentales. Je connais des athées ou des agnostiques dont on peut citer la vie en exemple et qui mériteraient bien d'être canonisés ! La religion a attiré beaucoup de brebis galeuses dans son giron, tels que les Grands Inquisiteurs d'autrefois ou les fanatiques de toujours... Alors qu'il existe de véritables saints laïques. Dieu transcende les religions, peut-être même les convictions. Il est présent chez des gens qui ne soupçonnent même pas son existence ou la réfutent carrément ! Les religions façonnent des prêtres, pas des saints. Elles conservent la mémoire des justes et prétendent guider les âmes. Mais sans la ferveur et l'engagement de ceux qu'elles veulent bien appeler des « saints » – et de bien d'autres encore, qu'elles ignorent –, les religions ne seraient que des coquilles vides.

Le Christ et les extraterrestres

Je pense que le Christ a été dépêché sur cette planète pour voir s'il était possible de parvenir à quelque chose avec nous. C'est très troublant, parce qu'on a toujours associé le Christ à la Terre, au peuple de la Terre, aux hommes. On dit que Dieu a fait les hommes à son image ; mais s'il existe d'autres êtres humains, différents de nous, sur d'autres planètes, il est probable que leur Christ ne ressemblera pas au nôtre. J'ai toujours pensé que Dieu concerne l'Univers et Jésus, la Terre. Il est un envoyé de Dieu, peut-être y en a-t-il d'autres dans d'autres mondes...

Il est venu voir comment ça se passait chez nous et Il a vu que l'existence n'était faite que d'injustice et de souffrance. Il a voulu endosser les faiblesses et les désarrois des hommes, parce qu'ils ne sont pas assez forts pour s'assumer eux-mêmes. Dieu a créé la vie et nous a laissé la liberté d'en user, d'en faire bon ou mauvais usage. Plus tard, le Messie est venu pour tenter de nous guider et briser notre immense solitude.

Le livre qui m'a le plus bouleversé, c'est *Le Désert des Tartares*, de Buzzati, parce qu'il fait état de cet isolement qui nous caractérise. Chaque fois que je me suis trouvé seul, à la campagne, j'ai regardé le ciel pour essayer d'apercevoir quelqu'un qui me crierait : « Allez, viens mon pote ! » Moi, je suis croyant, mais je n'ai pas envie d'ennuyer tout le monde pour faire partager ma foi : c'est une conviction, un mode de vie, une exigence et un plaisir solitaire. Qui que tu sois, toi lecteur, je m'en fous ! Je croirai pour toi. Je te demande simplement d'avoir foi en ce que tu fais. Si tu aimes quelque chose, les frites, baiser, déconner, alors tu es sauvé !

Le message du Christ n'exprime que cela : il faut seulement aimer, aimer, aimer ! Peu importe qui ou quoi, comment, pourquoi. Rien d'autre n'est vrai.

Le jour des Rameaux, tout le monde s'est précipité parce que Jésus a fait le miracle des pains. On l'a célébré, on a dit de lui : « Il est le Tout-Puissant ! » Il pouvait se taper un discours démagogique sublime, mais il a préféré dire aux gens : « Vous vivez mal, il va vous arriver des trucs horribles. » Les mecs se sont enfuis, épouvantés, et il s'est mis à pleurer. Les apôtres ont rappliqué et il leur a dit : « Oh, vous, merde, ça sera pire pour vous... » Et les types n'ont pas bougé, ils sont restés avec leur Christ. Pourtant, lui s'en est allé pour les laisser seuls. J'aurais bien voulu lui serrer la louche !

Si d'autres Christ écument le cosmos, je suis persuadé qu'ils prêchent ce même message d'amour universel. Je souhaite de tout cœur qu'ils soient écoutés avec plus d'attention qu'ici-bas. Aimer, ce n'est pourtant pas si compliqué. Il suffit d'y croire.

Mais moi, il faut que je me méfie, je crois aussi aux soucoupes volantes...

Les hommes d'Église

J'aime beaucoup certains hommes d'Église. J'ai la chance d'entretenir des relations privilégiées avec le cardinal Lustiger et monseigneur Di Falco. Je plaisante beaucoup avec lui ! Oui, je l'aime beaucoup. Et puis il est beau gosse ! J'ai vraiment été séduit par lui, j'aurais rêvé de l'avoir comme acteur dans un de mes films, j'aurais voulu en faire un prêtre de cinoche, il aurait été génial, avec sa gueule aussi belle que celle de Lawrence Olivier ! Quant à Lustiger, je l'aime d'autant plus qu'il s'est passé un *phénomène* avec lui.

J'étais venu lui annoncer que j'allais monter les Évangiles. C'était un dimanche matin, il pleuvait des hallebardes. J'ai eu bien des difficultés à l'approcher, car il n'avait pas une haute opinion de moi. Je pense qu'en plus ce n'était pas le moment, peut-être avait-il hâte d'aller déjeuner, je ne sais pas, toujours est-il que ça avait l'air de l'ennuyer ! J'ai à peine eu le temps de lui dire « Voilà, j'ai l'intention de monter... » qu'il m'a répliqué : « Mais vous montez ce que vous voulez, peu importe, vous n'avez pas ma bénédiction, parce qu'on ne peut pas dire que la réputation que vous avez dans la vie soit un exemple qu'on bénisse ! »

Et puis, quand même, je sentais quelque chose, il y a eu comme un souffle... Je lui ai répondu :

— Vous n'avez pas tort. De toute façon, je ne suis pas venu vous demander votre bénédiction, je suis simplement venu vous avertir que j'allais faire ce spectacle.

Mais, en mon for intérieur, j'ai demandé à Dieu de

m'aider : « Allez, quoi, je T'en prie, fais-lui piger que ce n'est pas n'importe quoi, que ce n'est pas rien... » Et hop ! Dans l'instant, j'ai vu le visage de Lustiger se transformer, s'éclairer ! Moi, je parlais, je ne savais plus très bien ce que je disais, j'étais sincère, j'y allais avec toute ma bonne volonté, avec ma ferveur... Le cardinal m'a alors emmené dans une chapelle, nous nous sommes agenouillés et il s'est mis à parler doucement à Dieu. Je ne peux pas vous transmettre ce qu'il Lui a dit, ce serait malhonnête, je ne saurais pas l'expliquer. Tout cela me semblait seulement aberrant, soudain. Puis il s'est relevé, s'est tourné vers moi et m'a expliqué :

— Je Lui ai demandé de m'envoyer quelques hommes de bonne volonté pour m'aider dans ma tâche. Vous faites peut-être – je dis bien « peut-être » – partie de ces gens-là.

À partir de ce moment, je crois que je me suis mis à exister pour le cardinal Lustiger. Ensuite, nous sommes sortis. J'avais l'impression de n'avoir passé qu'un tout petit quart d'heure dans le lieu saint. Dehors, il faisait désormais un soleil absolument radieux. Un pote qui m'attendait un peu plus loin m'a dit :

— Quand même, te voilà ! Vous êtes restés là-dedans plus d'une heure et demie !

Je n'avais pas eu ce sentiment. J'ai en revanche eu le sentiment de pleurer à chaudes larmes dans cette chapelle. Je ne me souviens plus si j'ai vraiment versé ces sanglots. Lustiger se tenait un peu éloigné de moi. Il s'est pourtant passé quelque chose, à ce moment précis, entre Lui et nous. Ensuite, il est venu voir mon spectacle. Et il a affirmé qu'il y avait senti la présence de Dieu... Pour *Jésus était son nom*, il m'a dit de nouveau :

— Je sens encore cette présence extraordinaire.

J'ai toujours voulu parler de ce moment de grâce incroyable, l'écrire. C'est la première fois que je confie cela.

Je sais que je sers de relais. Je ne suis, hélas ! pas du tout investi par quelque chose d'autre. Je fais seulement office d'intermédiaire, de temps en temps.

J'ai eu le même sentiment avec Lustiger qu'avec le pape. C'est très bizarre. Je crois que je deviens très vite familier à ceux qui représentent l'Église. Ils sont rapidement en confiance avec moi.

Le pape, je l'ai rencontré pendant mon premier *Jésus*. J'ai discuté avec lui pendant vingt minutes, il avait accepté de me recevoir. Et j'ai des photos magnifiques avec lui. Je lui ai amené tous *mes apôtres*, il s'est fait photographier avec chacun d'eux. Il a été délicieux, merveilleux. Et lorsqu'il est venu à Saint-Cloud, j'étais tout près de lui. J'ai parlé en son nom à des milliers de gens. Le cardinal Lustiger m'avait demandé de lire ce texte, de participer à ce cérémonial, nous avons concocté ça ensemble et tout s'est déroulé comme nous l'avions prévu. J'étais au milieu des cardinaux, des évêques... À un moment, je les ai même un peu engueulés, ils prenaient place trop vite et le pape ne pouvait pas suivre leur rythme, j'avais peur qu'il se casse la gueule dans les escaliers ! Mais tout s'est bien passé.

Ce qui m'a étonné le plus, c'est que lorsque j'ai dit mon texte, les milliers de gens présents m'ont écouté dans un silence total. Fantastique. C'était beau, solennel, inattendu. Et puis voilà ! Après ça, tout le monde est venu voir mes Évangiles : les sœurs, les curés, tout le monde s'est précipité !

Sœur Emmanuelle, je la rencontre souvent. Il y a peu de temps encore, elle est venue me voir pour l'an 2000 et rencontrer la foule des croyants. Tout le monde l'a ovationnée, le public était debout en son honneur, elle a parlé avec eux, elle les a tutoyés. Elle aime beaucoup cette chaleur humaine. Elle est vive, pleine de gaieté et d'espérance. Entre nous, on peut dire que ça marche ! Sauf que je n'ai pas son courage, son humilité, sa bonté, son efficacité. J'ai tout le temps envie de la prendre dans mes bras ! Et puis elle bouffe bien, elle boit solide, moi j'aime ça, je trouve que c'est bien d'être vivant comme ça... Je m'amuse bien avec tous ces gens-là. Tenez, l'abbé Pierre : un soir, je l'ai emmené en boîte ! Les nanas n'en croyaient pas leurs mirettes. Ah ! Je l'aime, je l'aime, je l'aime ! C'est un vieillard calciné et sublime. Je l'adore et il le sait. D'ailleurs, ils le savent tous.

Je dois paraître con et prétentieux lorsque je parle ainsi, alors que ces gens-là donnent pratiquement toute leur vie pour soulager la misère des autres, tandis que moi, je serais bien incapable de faire ce qu'ils font... Eh bien, j'ai pourtant l'impression qu'ils sont tous mes enfants. C'est curieux, non ? C'est un sentiment inexplicable, une sorte d'appel perpétuel. Il finira bien par me filer un ordre ! Je crois que je serai calmé, que j'aurai un moment de répit, ce jour-là. Ce pourrait être cela, le vrai bonheur : d'aller... sur les routes. Et je sais que ça suivrait, derrière moi. Mais ce n'est pas encore au programme...

Celui qui voit

*I*l est difficile pour les autres de comprendre à quoi je fais allusion lorsque je parle de mes *visions*. J'essaie d'expliquer que je ne suis pas madame Irma : mes *visions* s'apparentent à des évidences, des images me viennent comme sous le coup d'une inspiration soudaine… Les gens sont incrédules, se gaussent ou m'ignorent. Quelques-uns m'affirment qu'ils comprennent. Je ne peux malheureusement pas les croire. C'est comme prétendre compatir à la douleur de quelqu'un : on ne peut pas connaître l'ampleur de sa souffrance et encore moins la partager, mais on pense pouvoir la concevoir. Eh bien, non, c'est impossible. Avec la meilleure volonté, nul ne peut se mettre à la place d'autrui. Sauf si l'on vit les mêmes choses.

Malgré cette solitude engendrée par l'incompréhension, je dois répondre à mes *visions* en les réalisant. Cette inspiration incommunicable et inexplicable exige que je me dévoue à elles aussi longtemps qu'elles veulent bien se manifester à moi. Quitte à passer pour un illuminé… Personne ne peut me juger. Nul ne peut décider pour moi. Même pas moi.

L'art de la fugue

Qu'est-ce qui peut soudain m'arrêter, me faire réfléchir et changer ? Dans l'absolu de notre condition actuelle, rien, malheureusement. Cette fatalité engendre une irrépressible inquiétude, d'autant plus forte que l'on est croyant. Nous autres, Slaves, vivons avec cette angoisse, nous nous posons toujours d'innombrables questions sans réponses...

Or, dans notre société, on n'aime pas se poser trop de questions. On élude. Surtout si cela concerne le voisin : comment va-t-il, que ressent-il, quelles sont ses joies et ses peines... Cela semblerait presque indécent de s'en préoccuper. Alors on évoque des petits riens, on devient expert en l'art de la futilité, spécialiste des dialogues inutiles. On passe sciemment à côté de l'essentiel.

Peu de gens se préoccupent de notre destinée. C'est même assez joli, assez romanesque, cette frivolité spirituelle ! On l'évoque même en littérature. Il n'y a pas de vraie volonté d'élévation, le meilleur coexiste avec le pire, on ne veut pas suffisamment changer.

Et personne n'est parvenu à nous obliger à faire ce constat. Merde, il fallait vachement aimer les hommes pour n'avoir pas peur d'être ridicule en voulant leur bien ! Jésus, oui, qu'est-ce qu'il avait à perdre... en dehors de sa vie ?

Les leçons du passé

Pourquoi faudrait-il refaire les mêmes erreurs ? Pourquoi faudrait-il que l'humanité continue de se fourvoyer, siècle après siècle ? On efface tout et on recommence ! Notre époque ne fait pas exception à cette règle : depuis deux mille ans, nous savons que l'essentiel tient en une simple phrase : « Aimez-vous les uns les autres. » Ce n'est pas original de le rappeler, mais il serait assez inédit d'en observer le principe, si l'on en croit l'étroitesse de vues, les partis pris et les préjugés, la mauvaise foi, le fanatisme, l'individualisme forcené et le caractère éminemment belliqueux de nos sociétés. Sans parler des guerres, du terrorisme ou des génocides qu'on nous sert chaque jour à l'heure du cassoulet !

Devant ce triste spectacle, on peut avoir encore envie de hurler et de descendre dans la rue, pour peu que la banalisation médiatique de l'horreur n'ait pas anesthésié les esprits. Mais on reste bien au chaud chez soi, par lâcheté, parce qu'on a la stupidité de penser que « charité bien ordonnée commence par soi-même ». Et on referme doucement la porte de son loft ou de sa petite maison douillette en pensant que la misère ne frappe que chez les autres. Sauf que le malheur d'autrui finit toujours par vous retomber sur la gueule ! Pas d'échappatoire ! Nous y passerons tous si nous continuons à nous bercer d'aussi dangereuses illusions.

D'ailleurs, notre quotidien tranquille n'est même pas si satisfaisant que cela. Il suffit de voir la tête des gens qui prennent le métro... Les trois quarts vivent mal de ce qu'ils n'ont pas choisi. Ils subissent leur vie. Ils se battent tous les jours pour leurs besoins, pour gagner de quoi bouffer et consommer comme les autres. Quant au reste... Ceux qui veulent améliorer l'ordinaire – en terme d'idéologie – peuvent toujours s'engager politiquement et militer, lutter contre le mondialisme, croire en des leaders. Tous leurs espoirs sont tournés, sciemment ou non, vers un seul objectif : l'aboutissement de leurs désirs. Ces idéalistes-là ont raison ! L'existence est vaine si le désir n'y trouve pas sa place. La dignité consiste pour chacun à choisir librement ce qu'il veut être. Si les trois quarts de l'humanité restent sourds aux appels de ceux qu'on tue, qu'on torture ou qu'on abandonne, c'est simplement parce qu'ils ne sont pas disponibles. Parce que leur amertume et leur rancœur focalisent toutes leurs pensées. Parce que leur existence étriquée les rend mesquins et inattentifs à autrui, parce que leurs désillusions emplissent tout leur univers.

Un monde sans désirs est un monde perdu. L'affaire est entendue. Deux mille ans qu'on nous le serine ! Deux mille ans qu'on refuse d'écouter. Deux mille ans qu'on recommence, inlassablement, les mêmes conneries.

Aimer

*A*imer. Cela seul compte. Qui nous parle d'amour dans cette société ? Qui ose prononcer ce mot ? Nous avons crucifié Celui dont toute l'existence n'était qu'amour. Aimer. C'est si beau et si périlleux. Aimer. Notre seule raison d'être. Aimer. Notre monde sera détruit avant que nous n'ayons appris à l'aimer.

Les Évangiles

Les Évangiles nous invitent à l'espoir, au bonheur, au renouveau. Ces textes sont d'une incomparable beauté ! Ils sont un hymne à l'amour, à la joie, à la solidarité et à la justice. Tout y est inscrit. Toutes les réponses se trouvent dans ce livre, encore faut-il vouloir les trouver ! Depuis deux mille ans, ce message religieux fait partie de nos vies, de notre histoire… Mais le plus grand nombre d'entre nous continuent d'en ignorer le sens. Je croyais qu'un spectacle pouvait réussir là où les prêches avaient échoué. Mais il faut sans cesse remettre l'ouvrage sur le métier.

Don et contre-don

Jamais je n'ai rendu ce que l'on m'avait prêté. Lorsque la chance a tourné en ma faveur, j'ai préféré rendre à d'autres, qui n'avaient pas. Car je sais à quel point il est difficile d'accepter ce qu'on vous offre quand on est démuni. C'est agaçant, humiliant, gênant. Il est bien plus facile de donner que de recevoir. Je me suis promis, voici bien des années, que je m'arrangerais pour aider ceux qui n'ont rien. Je suis parfois maladroit, mais je m'efforce de montrer combien je leur suis redevable de consentir à prendre ce que je leur tends.

Paraboles

M on père m'a beaucoup appris grâce aux paraboles. Donc, je suis bien obligé de croire à leur puissance d'évocation. Le théâtre, une forme de parabole ? Peut-être. Il y a toujours une fable, une morale. C'est une transposition des textes que l'on a choisis pour s'exprimer, on peut peindre les défauts, les qualités, les travers des hommes et des situations délicates. J'y retrouve certainement des échos de mon enfance.

Les histoires de mon père ressemblaient beaucoup, c'est vrai, aux paraboles des Évangiles ou aux contes soufis. Un adulte ressent une grande sagesse à les entendre, et un enfant est complètement subjugué. Ces contes correspondaient parfaitement à mon état d'esprit, pénétrant le monde imaginaire dont je m'étais entouré, prenant valeur de loi parmi mes rêves et mes délires intimes. Cela s'intégrait parfaitement à mon choix de vie, cela me parlait.

L'un d'eux m'a guidé pendant toute ma vie. Je vous le livre tel quel, c'est mon cadeau, et peut-être vous figurerez-vous à quel point il est précieux !

Un roi traverse champs et prairies, il chasse, les récoltes sont mauvaises, la terre ne donne pas beaucoup car il y a eu trop d'intempéries. Il croise un paysan qui n'a réussi à remplir qu'un malheureux sac de blé, s'arrête devant lui et lui demande de le lui donner. Le pauvre hère lui explique qu'il ne peut pas, que c'est tout ce qu'il possède, qu'il mourra de faim s'il le lui donne... Le souverain insiste, et le paysan accepte de lui donner un seul grain de blé. Le roi lui conseille de regarder dans son sac lorsqu'il sera rentré chez lui le soir. Le paysan, une fois dans sa masure, renverse le blé sur sa table, et au lieu du grain qu'il a donné, il découvre un grain d'or, regrettant amèrement de n'avoir pas donné tout ce qu'il possédait...

Moralité : il ne faut jamais refuser de donner quand on vous le demande, car votre bienfait vous sera peut-être rendu au-delà de toute espérance.

La désespérance

L a saison du désespoir revient régulièrement et me broie dans ses mâchoires acérées. Les ténèbres m'envahissent, la nuit tombe sur mon cœur, mes yeux s'embuent et mon âme pleure. Je suis alors laminé par la tristesse, toute la misère du monde pèse sur mes épaules, je la sens, je la vois, je l'entends. Rien ne peut me sortir de cet état, ni l'amour ni l'amitié. Je suis pleinement conscient, pleinement éveillé, pleinement lucide. Beaucoup trop pour un simple cœur d'homme.

Comme lorsque l'orage gronde, je désespère de revoir un jour l'aube clémente. Puis une lumière point, se fraie un passage parmi l'ombre et chasse les derniers nuages. Je suis enfin réchauffé, consolé. Jusqu'à la prochaine tempête.

Les visites

C'est toujours un peu fou de le dire comme ça, mais oui, je suis régulièrement *visité*. Entendons-nous bien : je ne suis pas Jeanne d'Arc ni Bernadette Soubirou ! Je ne vois pas d'apparitions, je n'entends pas de voix, je ne suis pas possédé, le théâtre Marigny n'est pas hanté ! Faudrait pas tout confondre...

Il n'empêche que ces *visites* sont bien réelles. Elles sont intangibles, mais pas incompréhensibles. Elles sont immatérielles, mais pas inconcevables. C'est pourquoi je n'ai pas trouvé de meilleur mot pour les désigner. J'ai l'impression qu'*on* me murmure à l'esprit certaines choses, certains conseils ou avertissements. *On* m'aide à voir ce qu'il faut, à être là au bon moment, à discerner ce que d'habitude je ne sais pas distinguer.

Les *visites* s'apparentent à un état de crise. Mes pensées s'orientent soudain d'une manière particulière, j'en suis totalement et terriblement bouleversé, je me trouve soudain sous le coup d'une émotion intense et irrépressible. J'en ai les larmes aux yeux. Je suis parfois terrassé par la douleur, il m'arrive souvent d'éclater en sanglots.

Pendant des années, j'ai fui un peu tout cela, prémonitions et visions, et puis le reste... Je ne voulais pas y penser. J'essayais de faire comme si je m'en foutais, alors que c'était tout le contraire. Et pour cause : il y avait une vérité douloureuse à ces « crises ».

En outre, ce genre de comportement passe mal en société, ce n'est pas facile de vivre avec ça, on m'a souvent pris pour un timbré : fondre en larmes alors qu'on dîne tranquillement avec ses copains, c'est plutôt malaisé à expliquer ! Ces états-là n'ont rien à voir avec les *marques*. Quand la souffrance est physique, on se dit : « Merde, ça recommence ! » et on essaie de gérer le problème. Mais les *visites*, c'est autre chose. Cela naît d'une immense détresse. Pas une détresse de soi, cela n'a rien de personnel. Ces larmes incompréhensibles, je ne les ai jamais versées sur mon propre sort. Ce chagrin incommensurable me vient d'une fulgurante vision de la détresse humaine tout entière. C'est quelque chose d'absolument aberrant, parce qu'à ce moment-là j'ai envie de *sauver les hommes*. C'est une expression très con, non ? En l'espace de quelques secondes, je prends conscience de ce qui va nous arriver. De ce qui doit nous arriver si rien ne change. Et c'est à moi que l'*on* s'adresse...

Quelque chose, une force invisible et intime, m'appelle et m'oblige à tourner mon esprit vers elle aux moments les plus inattendus. Le jour ou la nuit, que je sois seul ou accompagné, rien ne peut l'arrêter. Je suis alors comme possédé, je souffre comme une bête, je suis subjugué. Dans ces moments-là, je me sens d'une terrifiante lucidité, et c'est probablement ce qui est si difficile à supporter. Mais attention : je ne suis ni médium ni voyant !

Peut-être pourrait-on assimiler ce phénomène à une sensibilité hors du commun, à une faculté d'empathie extrême. Ce ne serait vrai qu'en partie. Il y a indubitablement autre chose, qui ne procède pas de ma volonté propre.

Une fois la crise passée, je suis envahi par une paix immense, un état d'abandon total. Je suis délivré. Je sens que mon âme s'apaise en Dieu, j'éprouve le sentiment, extraordinairement réconfortant, qu'Il me reconnaît comme son serviteur. Et qu'Il vient de me demander d'agir comme tel.

Car j'émerge de ces crises avec l'impression très vivace, très tenace, de devoir accomplir quelque chose. C'est impérieux, incontournable. « Une force mystérieuse me pousse vers un but que j'ignore, tant que je ne l'aurai pas atteint... et le jour où je ne serai plus nécessaire, un souffle suffira pour me renverser » : lors de son sacre, Napoléon a prononcé – en substance – cette phrase extraordinaire. Je comprends parfaitement ce qu'il a voulu dire.

Je dois m'efforcer de servir un dessein qui me dépasse infiniment.

Un cri d'amour

Non, je ne possède pas la science infuse, je ne suis ni un saint ni un prophète ! Je n'ai rien de nouveau à dire qui n'ait déjà été dit par d'autres avant moi... et non des moindres ! Désormais, je sais cependant quelles sont ma place et ma fonction dans cette société. Grâce à mon métier de saltimbanque, je peux toucher des milliers de gens à la fois et, peut-être, leur donner à réfléchir, leur transmettre le désir que nous travaillions tous ensemble à un monde meilleur. À travers tous mes spectacles, c'est le même cri d'amour, le même appel à la tolérance, à la solidarité et à la justice. De Dostoïevski à Hugo, en arrivant aux Évangiles, j'ai toujours voulu décrire les itinéraires exemplaires des humiliés et des offensés, des victimes de l'avidité humaine. Je veux crier ma foi en l'homme et lancer, plutôt qu'un chant de détresse qui semblerait pourtant plus approprié en ces temps cyniques, un message d'espoir lucide.

L'appel de la foi

Je ne me suis jamais arrêté à la religion. C'est l'aspect formel dont on peut avoir besoin pour vivre sa foi. C'est une structure, un cadre, rien de plus. En ce qui me concerne, toutes les religions se valent ! Du moins je les respecte toutes. Leur rôle se borne à transmettre et préserver un message qui, bien que revêtant divers aspects selon les dogmes, est en substance toujours le même. On peut vénérer Allah, Bouddha, Dieu, Shiva, on s'adresse chaque fois à la même entité, au même principe premier et inaliénable… Chacun d'eux a ses prophètes, ses apôtres, ses fidèles. Les costumes et les hommes ont beau changer, la foi reste invariablement la même !

Le souffle sacré s'immisce dans l'âme de tous les hommes de bonne volonté, sans distinction de race, de culture, d'appartenance sociale ou religieuse.

Ma foi s'est manifestée dans le tournant de mon existence que fut mon départ pour Reims. J'ai soudain éprouvé du mépris et de l'ennui envers ce que ma vie était devenue. Je ne voulais pas manquer ma destinée, je haïssais mon quotidien, superficiel, artificiel, insipide. Je me sentais inutile, vide, sans but.

Il arrive que l'on décide d'entrer en religion lorsqu'on éprouve de tels sentiments. Moi, j'ai choisi le théâtre, j'ai voulu réaliser une œuvre qui pouvait parler à des milliers de gens. J'ai voulu transmettre ma foi de cette manière-là. Il fallait que je communique ma ferveur, que je témoigne de l'urgence de réformer ce monde, de le rendre plus humain.

Comme ma voix ne suffisait pas pour parler à mes semblables, j'ai voulu y adjoindre celle de grands auteurs, avant celle de Jésus lui-même.

Lucidité

Moi aussi, je suis lâche, je m'écarte du pauvre type qui dort dans des cartons sur une bouche de métro. Comme les autres, j'ai peur et je ferme ma gueule. Seulement, je vois toujours ce qu'on ne regarde pas, le vieillard mourant, le mutilé, l'infirme, le fou. Je vois ces gens et le sens de leur présence. Pendant longtemps, à cause de ces visions, il ne semblait pas exclu que je puisse finir à l'hôpital psychiatrique.

L'angoisse

L'angoisse me colle à la peau et ne me quittera pas. Elle ne m'a jamais quitté, elle est là pour l'éternité, elle fait partie de mon être. La vague a emporté mon âme. Les *visites*, les stigmates, mes *voix* intérieures n'arrangent rien. Ils m'apportent une lucidité qui s'exprime souvent comme une malédiction. Le monde est nu à mes yeux, je n'ignore aucun de ses vices, aucune de ses tares et de ses défaillances. Je vois ce que les autres ne veulent pas voir. Cela n'a rien d'extraordinaire, mais c'est infiniment triste. Lorsque je vois l'envers du décor, je ne peux que pleurer sur le sort des hommes. Je me sens alors si seul... Je m'acharne à communiquer la parole des Évangiles ou de n'importe quel auteur me paraissant exprimer une vision juste, mais cela me semble souvent une tâche sans fin. Il faut persévérer sans se laisser abattre, essayer de toucher – peut-être même de convaincre – une personne puis une autre... et espérer que cela serve enfin à quelque chose. C'est le supplice du tonneau des Danaïdes...

Heureusement, je n'ai jamais réellement envie de baisser les bras. Ce n'est pas mon tempérament. Et puis *on* ne me laisserait pas faire ! Mon respect et mon amour de la vie l'emportent sur cette angoisse omniprésente. Mais je reste en équilibre sur le fil du rasoir.

Y aurait-il une autre façon de vivre ?

Sacerdoce

J'aime travailler avec les jeunes acteurs parce qu'ils ont éperdument envie d'exister, ils ont cette faculté du cœur qui se périme avec l'expérience. J'ai pour eux une tendresse immense, ils sont comme mes enfants. Un de mes jeunes comédiens, qui a joué dans *Un homme nommé Jésus*, m'a raconté cette histoire lorsque je l'ai engagé : « Que fait ton père ? – Il est comédien. – Et ta mère ? – Elle ne travaille pas non plus. »

Il avait tout compris du métier. C'est une quête sans fin, une recherche d'identité, un sacerdoce ! Sur ce spectacle plus que sur aucun autre...

Aimez-vous les uns les autres

C e serait tellement mieux si les gens voulaient bien se respecter davantage et prendre soin les uns des autres ! Je ne demande pas que tout le monde se transforme en mère Teresa ou en abbé Pierre, mais que l'on agisse simplement d'une manière un peu moins égoïste, au quotidien. Que l'on soit attentif à l'autre, au voisin, à la petite vieille qui passe chaque jour à la même heure, au clodo qui s'installe toujours au même endroit et à qui on ne jette même plus un regard (encore moins une pièce : « C'est pour boire ! » Mais si ça lui fait plaisir, à ce pauvre type, de quel droit on lui refuserait ça ?).

Il ne faut pas négliger le fait que le meilleur moyen de se faire du bien à soi-même, c'est d'abord d'en faire aux autres... On dirait que la plupart des gens ignorent ce principe d'une simplicité pourtant évangélique ! Le Christ a dit : « Aimez votre prochain comme vous-mêmes. » Bon. Moi, j'avoue, j'en suis incapable. En revanche, il n'a pas dit le fameux « Aimez-vous les uns les autres » dans la seule perspective du festival de Woodstock ! Non ! Car ça, c'est duraille, mais on peut y arriver.

Le problème, c'est qu'on a un peu trop tendance à oublier qu'on va crever. Je ne sais plus quel sage avait pour philosophie cette notion de *memento mori* : c'est vrai, mon frère, souviens-toi que tu vas mourir...

Vous croyiez être immortel ? Eh bien, je vais vous décevoir : vous ne l'êtes pas !

Après la dernière culbute, une fois *là-haut*, il faudra

bien rendre des comptes… C'est là que ça risque de se corser…

En attendant, pour être bassement pragmatique, disons que nos sociétés courent tout bonnement à la catastrophe si elles s'entêtent à prôner l'individualisme.

Regardez donc dans vos cités, braves gens, et dites-moi pourquoi enfle la clameur des insatisfaits et des laissés-pour-compte ? Pourquoi les gamins brûlent-ils des bagnoles ? Pourquoi cette montée exponentielle de la violence urbaine ?

Parce que ceux qu'on écarte du passage, qu'on pousse dans le ruisseau, finissent par s'énerver.

Il existe aussi une autre raison de s'intéresser au sort d'autrui : tout ce que l'on fait est payé de retour, en mal comme en bien. Prenez soin des autres, ils prendront soin de vous le moment venu. C'est du bon égoïsme !

Je ne sers pas de sermon en affirmant cela, je ne fais que conseiller le respect des commandements. Et je ne suis pas bigot pour autant. C'est une question de bon sens, pas de dogme. Il faut aimer les autres, non pas dans l'intention de gagner une place au paradis, mais parce qu'on pourra tous s'en tirer mieux sur cette Terre en agissant ainsi.

Et puis, à force de regarder autour de soi, l'habitude est vite prise, c'est automatique, on fait du bien sans même y penser. Nous devrions tous nous y mettre, sans tarder. En espérant qu'il ne soit pas déjà trop tard…

L'engagement du cœur

J e ne réfléchis pas avec ma tête, mais avec mon cœur. Dans mes spectacles comme dans la vie, je laisse s'exprimer mes tripes, mon affect, mes émotions. Ma ligne de conduite emprunte une transversale entre le palpitant et la cervelle ! Jamais le contraire.

C'est certainement pour cette raison que je n'ai jamais adhéré à aucun parti politique. Cet engagement-là n'est pas crucial en ce qui me concerne. J'aurais bien du mal à choisir un camp si je le devais. Je me mettrais forcément du côté de la générosité, du partage, de la volonté d'égalité, de la suppression des privilèges. Alors peut-être à gauche. Pourtant, des deux côtés se trouvent des gens que j'admire et d'autres que je méprise. Donc, je m'abstiens de choisir. Ce qui ne signifie pas pour autant que je me désintéresse du politique, au sens large du terme. Le devenir de notre société constitue même pour moi une préoccupation majeure. Quand on met en scène Dostoïevski, Gorki, Lorca, Shakespeare, Hugo ou Dumas, c'est qu'on n'est pas étranger aux concepts de justice, de fraternité, d'égalité, de loyauté, de liberté et d'amour. À ma manière, je mène un combat pour la défense de ces valeurs constamment bafouées. C'est également ce que j'avais en tête lorsque j'ai monté *Un homme nommé Jésus*, puis *Jésus était son nom*, en 1991, au palais des Sports.

Quand j'évoque ces valeurs fondamentales pour lesquelles je veux vivre, respirer et lutter, s'impose inévitablement l'image du Christ. Il nous a enseigné le véritable engagement, et c'est le seul que je veuille suivre.

Lorsque j'ai monté le premier spectacle sur les Évangiles, j'ai suivi mon instinct. Mon cœur. J'ai alors « décalqué » les Évangiles, au premier degré. Et j'avais un peu mauvaise conscience, considérant que je n'avais pas bien traité, en tout cas pas à fond, mon sujet. Par exemple, avec le recul des années, je considère que je n'avais pas bien parlé de la Résurrection et que j'avais donné trop d'importance au spectacle au détriment de la réflexion. Disons qu'en gros, si le spectacle était abouti, la réflexion, elle, ne l'était pas. Il me fallait donc poursuivre et aller à la fois de l'avant et plus haut, comme je m'en suis déjà expliqué ailleurs*. Si je n'avais monté qu'un spectacle, ç'aurait été celui-là. Il est ma pierre philosophale, il a changé et purifié mon âme.

Ce cheminement est parti du cœur pour aboutir à la tête. Je n'aurais pas pu procéder autrement. Au quotidien, c'est pareil. Je me comporte de la même façon, j'essaie de faire coïncider mes convictions et mon mode de vie, de rester intègre, fidèle à moi-même et à ma conscience. Le respect des droits de l'homme commence chez soi, avec les gens qu'on côtoie tous les jours. Cet engagement n'est pas évident, c'est celui de la maturité. Avant, on tâtonne, on s'encombre de notions inutiles, de raisonnements fallacieux et d'illusions. On se laisse piéger par les apparences, on se laisse influencer.

Ma perspective de la foi est directement liée à cet engagement. Chaque acte de mon existence en dépend. Plus je vieillis, plus je deviens attentif et exigeant en la matière. Je me dépouille peu à peu du superflu. Saint Paul nous encourage à « laisser mourir le vieil homme en soi » pour qu'émerge une personnalité nouvelle, tournée vers le bon,

---

* Voir Henry-Jean SERVAT, *Robert Hossein, le diable boîteux*, éditions du Rocher, 1991 (épuisé).

le beau, le bien. Il s'adresse à l'individu, mais également à l'humanité dans son ensemble.

Je suis parfois convaincu que la métamorphose peut encore avoir lieu, que la lumière l'emportera ici-bas sur les ténèbres et que l'homme gagnera enfin son salut. J'espère alors que l'évolution fera de nous des êtres meilleurs, des gens de cœur dont l'intelligence ne s'appliquerait plus à fabriquer des armes, des centrales nucléaires ou des chimères génétiques... Plus souvent, le doute m'assaille et je pleure sur la fin inéluctable de ce monde.

L'empreinte du ciel

J'ai commencé à avoir mal au creux des paumes juste avant de monter *Un homme nommé Jésus*. On n'ose pas croire à ce que cela signifie vraiment, n'est-ce pas ?... J'entends d'ici la clameur des bien-pensants : « Des stigmates ? Il est complètement fou, ce pauvre Hossein ! »

S'ils savaient ! La première fois, je n'ai rien compris à ce qui m'arrivait ; j'avais mal aux mains d'une manière infernale, ça me démangeait sans répit, jour et nuit ! Je m'en suis confié à ma femme, Candice, mais elle se doutait déjà de ce qui se passait. C'était très étrange : sur ma peau se formaient des cercles rouge foncé atrocement douloureux... Et puis voilà que le même phénomène apparaissait aussi sur le dessus des pieds ! Je le jure sur la tête de mes gosses, cela s'est produit *exactement* ainsi. J'ai toujours voulu mettre ces marques sur le compte d'une irritation provoquée par mes godasses ou d'une allergie, et pourtant... Alors j'appuyais dessus, je me grattais furieusement, je ne savais plus quoi faire.

Après mon spectacle, ces empreintes rouges sur mes mains et mes pieds ont disparu. Je n'ai pas été particulièrement étonné par cette « guérison spontanée ». Cela me semblait logique : j'avais accompli ce que je devais. J'étais ravi ! Heureux ! Du coup, je baisais deux fois plus, je mangeais deux fois plus, je vivais deux fois plus... pour exorciser toutes ces choses vers lesquelles je m'étais laissé pousser. J'avais marché dans la combine, n'est-ce pas...

Dix ans plus tard, les marques sont revenues : je savais bien que le répit serait de courte durée ! Et hop ! Le même phénomène a repris, avec un peu d'avance, cette fois.

J'ai alors compris que je devrais porter ces stigmates toute ma vie. Ils ne sont pas toujours visibles, ils peuvent même disparaître pendant un bon moment. Jusqu'au jour où...

En général, j'explique aux gens que c'est une banale maladie de peau. Mais je sais qu'il n'existe aucun traitement pour ce genre de bizarrerie dermatologique ! Je n'essaie pas de comprendre. Je m'en fous ! Il ne reste plus qu'à prendre les choses comme elles viennent. Sauf que...

Ces drôles de rougeurs me rappellent que je suis dans l'obligation de faire ce qu'*on* me demande de faire. Parce que, sinon, ça s'aggrave. Et moi, je suis plutôt du genre courageux, mais pas téméraire ! Les phénomènes occultes, ça me flanque vraiment la trouille !

Dans le monde du spectacle, on connaît cette histoire de stigmates depuis très longtemps. On considère souvent qu'il ne s'agit que d'une bonne blague... Du moins est-ce ainsi que je l'ai présenté pendant des années, parce que je ne savais pas comment m'en dépêtrer, comment m'arranger avec le regard des autres, comment assumer cela moi-même. Ces démangeaisons insupportables, qui me mettent la peau des pieds et des mains à vif, me causent un tourment terrible. Je me réveille un matin dans cet état-là, j'ai mal à me rouler par terre, puis cela disparaît comme c'est venu. Je ne sais pas trop ce dont il s'agit, je ne cherche pas d'explication, ça m'emmerde, ça me dérange... Je n'aime pas ça. Je n'aime pas en parler.

Durant la première d'*Un homme nommé Jésus*, je pensais que j'avais attrapé de l'urticaire. C'était tout nouveau pour moi. Je trouvais la coïncidence étrange, d'être frappé de cette soudaine allergie précisément au creux des pieds et des mains alors que je réalisais enfin mon spectacle sur le Christ, mais je n'étais pas pressé de savoir ce qui m'arrivait vraiment… J'ai aussi été touché sur le visage. Là, c'était franchement affreux à voir, je me transformais en monstre ! Mon cou gonflait, j'avais tout de la gargouille… Les médecins ont défilé sans être capables de me fournir de diagnostic précis. Ils m'ont fait passer des quantités d'analyses diverses et variées, sans résultat probant. Aucune cause n'a été décelée, aucune pathologie déterminée. Alors on m'a affirmé, faute de mieux, que c'était une manifestation psychosomatique, l'effet de ma grande nervosité ou de mon hypersensibilité. Des conneries, évidemment ! Pourtant, j'ai eu envie d'y croire, un court moment. Il y avait eu un précédent en 1982, quand j'ai monté *Crime et châtiment* et que je réfléchissais déjà très précisément aux Évangiles : malgré un traitement à la cortisone, j'étais devenu le diable lui-même, une vraie boursouflure ambulante le soir de la générale !

Ma mère a eu un verdict beaucoup plus intéressant que celui de n'importe quel Diafoirus : « Cesse de te plaindre, pense plutôt aux souffrances des autres, les tiennes sont stupides ! Sois humble. » C'est peut-être bien parce que j'y pensais justement beaucoup, aux souffrances des autres, que ces marques-là m'étaient infligées…

Une énigme

*L*a vie est une énigme, mais on ne doit pas pour autant perdre son temps en considérations nihilistes. Qu'est-ce qu'on fout là ? Pas plus qu'un autre je n'ai la réponse ! En tout cas, c'est pas un cadeau : regardez donc autour de vous ! Quelle angoisse, mes potes...

Mais ce n'est pas parce qu'on ne sait pas pourquoi on est là qu'il ne faut rien faire de son existence. Bien au contraire. Il faut se battre, chaque jour, contre la méchanceté, la laideur et la connerie. Il faut avoir le courage de se démener pour rendre le monde meilleur, en commençant par ce qui se trouve à sa portée. Et se réveiller chaque matin avec ce programme en tête n'est pas une sinécure... il faut pourtant persévérer. Évidemment, c'est plus facile si l'on croit en Dieu. Moi, j'ai la foi. Je ne serais pas encore debout, ici et maintenant, si je n'avais aucune conviction. C'est une certitude absolue. Malgré les moments de découragement. Car ce n'est pas parce qu'on est croyant qu'on doit détourner le regard ou se résigner aux horreurs de cette Terre. Nous ne devons jamais nous satisfaire de l'injustice, jamais nous résigner devant le malheur... Notre ultime dignité consiste à ne jamais baisser les bras.

Contrairement à Marx, je ne pense pas que la religion soit l'« opium du peuple ». Nous avons le devoir de ne pas nous comporter en moutons, en pauvres bêtes de somme progressant bien sagement vers leur trépas. Le sel de la vie, c'est la révolte ! Le Christ lui-même s'est révolté, il a piqué des colères... Accepter de crever sur une croix pour racheter les péchés du monde, vous ne trouvez pas que c'est un acte de rébellion totale ?

À quoi bon vivre sans *passion* ?

Comment espérer une justice dans l'au-delà si je ne me bats pas pour la justice de mon vivant ?

La véritable énigme se situe là : comment peut-on accepter de vivre une vie sans amour, sans espoir, sans passion ?

Mon message

Bien que mystique – comme tous les Slaves, car la ferveur religieuse fait partie intégrante de notre héritage culturel ! –, je ne suis certainement pas un prêcheur ! Je ne fais que transmettre un prêche, je perpétue et rapporte la parole que je fais mienne.

Cela peut paraître d'autant plus paradoxal qu'on m'a trop souvent reproché de n'avoir aucun message, de n'être pas un intellectuel... Pour beaucoup de critiques, mon travail restait du premier degré, une œuvre au ras des pâquerettes. Et depuis *Un homme nommé Jésus*, les mêmes personnes m'accusent de moraliser ! Les pauvres types en sont tout retournés ! Mais je n'ai aucune leçon à recevoir d'eux. Ils ne m'apportent rien, et leur fiel ne m'atteint plus depuis longtemps. J'écoute les gens qui peuvent m'apprendre et m'apporter des choses, qui m'ouvrent de nouveaux horizons, je n'ai pas de temps à perdre avec ceux qui n'ont rien à dire et ne créent pas. Moi, j'agis. Pas eux. Ils sont semblables à la mouche du coche décrite par La Fontaine, qui affirmait : « J'ai tant fait que nos gens sont enfin dans la plaine ! », alors que de vigoureux chevaux avaient accompli toute la tâche...

Il ne faut jamais écouter que sa conscience, ses voix intérieures, son intuition, ou toute autre force intérieure et personnelle, quel que soit le nom qu'on lui donne.

Je n'ai pas la prétention d'avoir un message particulier à délivrer.

Je me contente de dire et répéter des mots que le Christ a voulu faire entendre, voici deux mille ans, aux hommes de bonne volonté. J'y travaille avec toute ma foi et mon ardeur, à ma manière. Je veux y employer toute mon énergie, mes espoirs et mes rêves. Je ne suis sans doute qu'un fou parmi tant d'autres. Mais avec le temps, peut-être qu'Il sera enfin entendu. Et si j'ai réussi à convaincre un seul spectateur, alors je crois que mon existence n'aura pas été vaine.

*Des miracles**

*L*es miracles, dans la vie de Jésus, forment la ligne de partage entre l'homme et le Fils de Dieu. Ils sont « images » par eux-mêmes et se substituent à la parole. À l'inverse des mots, ils ne sont pas limités à la compréhension immédiate. Ils suggèrent, longtemps dans la mémoire, d'autres émerveillements. Chacun peut y investir ce qu'il croit.

---

* Extrait du texte de présentation pour le spectacle *Un homme nommé Jésus*.

Un homme pour demain

J'attends un homme nouveau*, débarrassé des scories et des avatars de la science et de la technique. Un homme qui passerait tout au crible de sa conscience, qui ne vendrait pas son âme pour le fric. J'attends le moment où l'on cessera de monnayer la mort de nos semblables, où l'on rompra cette spirale infernale qui nous entraîne tous vers la déchéance et l'anéantissement. Nous sommes dépassés par le progrès, car nous marchandons notre avenir au plus offrant sans nous soucier du lendemain, des générations futures ou des plus démunis, qu'on laisse crever, qu'on pousse à s'entre-tuer, qu'on exploite et qu'on sacrifie dans tous ces pays que par euphémisme on préfère appeler : « en voie de développement »…

J'attends l'homme nouveau qui, pour reprendre saint Paul, aura « laissé mourir le vieil homme en soi » pour devenir un être lucide, généreux et porteur d'espoir. Mais peut-être est-il déjà trop tard…

---

* Il ne s'agit pas là d'une référence à Nietzsche…

TROISIÈME PARTIE

IL ÉTAIT UNE FOI

Introduction

Dans Citizen Kane, *Orson Welles fait dire à son person-nage : « Si j'avais eu moins d'argent, peut-être aurais-je pu devenir un grand homme... » J'ai tout abandonné, le fric et la vie facile, pour repartir de zéro et devenir ce que j'étais vraiment. C'est un choix personnel, difficile, une quête d'identité, un Graal spirituel que l'on n'a jamais fini de découvrir. Peut-être que la véritable « grandeur » se situe là. Ce n'est pas à moi de juger. J'en serais bien incapable ! À la croisée des chemins, au moment où j'entre dans l'hiver de mon existence, je ne sais toujours pas si j'ai trouvé ce que je cherchais ni même si la direction que j'ai prise était la meil-leure. Pourtant, rien n'est encore joué. Je sais que le temps m'est désormais compté, mais je fais confiance à ce bon vieil Einstein, qui en a également prouvé la relativité ! Je sais que le cours de mon existence peut s'infléchir demain, que tout peut encore basculer et m'entraîner ailleurs.*

« Quel dynamisme ! » me direz-vous... Je n'ai pas de mérite. Car j'ai un truc, beaucoup plus efficace que n'importe quel régime, élixir ou pilule miracle.

La foi, ça conserve.

... Essayez, et vous m'en direz des nouvelles !

À *la croisée des chemins*

Rien n'a jamais pu remettre ma foi en cause : aucun accident, aucune tragédie, aucun remous de ma vie tumultueuse.

Ce qui nous arrive, même le plus dramatique, n'est qu'un détail au regard de la foi.

Ma grande force, c'est que je ne m'étonne pas des choses les plus incroyables. Je les trouve naturelles. J'ai toujours vécu dans une sorte de dimension parallèle. Aujourd'hui encore, comme lorsque je n'étais qu'un môme perdu lové dans le feuillage des arbres de mes pensionnats, je me refuse à accepter la vie telle que je la vois.

Je refuserai par exemple toujours cette échéance de l'humanité que je sens pourtant toute proche. Notre échec sur cette Terre me paraît indubitable et je crois qu'instinctivement, nous en avons tous conscience : l'homme tente désormais d'émigrer vers les étoiles, il fait tout pour essayer de s'enfuir… Son manque de générosité le perd et il le sait, confusément : il faut avoir tout connu et tout abandonné pour apprendre à donner aux autres. Peu de gens acceptent d'agir ainsi. Pour nous aider à revenir sur la bonne route, il faudrait confier les affaires du monde à des hommes qui adoreraient Épicure, le vin, les femmes, la vie et qui s'en priveraient de leur plein gré pour se mettre à la disposition des autres. À condition, bien sûr, qu'ils aient des idées ! Sinon, cela ne servirait à rien. Le renoncement est la seule discipline qui permette d'évoluer.

C'est le chemin que j'ai moi-même essayé de prendre. J'en ai acquis une lucidité aiguë, je sais ce qu'il faudrait accomplir et ce qu'il ne faut plus faire... On peut encore inverser le cours du destin ! Mais il faut repenser la société et aller jusqu'au bout. Entraîner tout le monde derrière soi... La majeure partie de l'humanité vit très mal de ce qu'elle n'a pas choisi. Il est normal qu'elle reste incrédule devant ceux qui tentent de l'aider. Pourtant, j'ai foi en elle comme j'ai foi en Dieu.

À 74 berges, je ne suis en retraite de rien, je suis continuellement en train d'expérimenter ! Alors que le temps m'est compté, à la croisée des chemins, je sais qu'il n'y a que ceux qui ont vécu et souffert qui peuvent soulager la détresse des autres. Beaucoup de nos politiques, la plupart de nos hommes d'Église sont capables d'écouter, voire de comprendre la souffrance d'autrui, mais concrètement, que peuvent-ils y faire ?

Tout ça – l'humanité –, ce n'est qu'une malheureuse histoire d'amour.

Ascèse

Je suis par nature un jouisseur : j'aime la vie, la bonne chère, le vin, m'attabler avec des potes. J'ai commis bien des excès, repoussant les limites de ce que mon corps pouvait supporter : j'ai frôlé l'alcoolisme et souffert de graves crises hépatiques au début de ma carrière, peu de temps après mon retour du service militaire. J'enchaînais les « remontants », un pastis par-ci, un cognac par-là, un verre avant de monter sur scène, les soirées bien arrosées avec les copains… Plus le tabac et de bonnes doses de café. Mon organisme intoxiqué s'est rebellé, j'ai sombré dans une profonde déprime. Je devenais paranoïaque, je ne tenais plus debout, mon esprit enfiévré battait la campagne. J'ai mis plusieurs années à m'en sortir, à reprendre le contrôle. Durant cette période, j'ai compris que la chimie perturbée de l'organisme provoquait un trouble indéniable de l'esprit et qu'il fallait avoir une certaine hygiène de vie pour espérer garder la tête claire. J'ai compris qu'il fallait respecter son corps pour laisser s'élever son esprit. Très progressivement, je me suis donc débarrassé de mes mauvaises habitudes, freinant sur les agapes, supprimant les excitants.

Depuis déjà longtemps, je ne bois plus ni ne fume plus. Ce n'est pas par goût du sacrifice ou par volonté de mortification. Je sais qu'il est nécessaire de faire preuve d'une certaine rigueur, sinon d'ascèse, pour évoluer. On ne peut pas progresser autrement. À l'instar des sportifs qui se préparent à la compétition, il est impossible de prétendre suivre un cheminement spirituel sans se dépouiller de tout ce qui peut troubler l'entendement. Au début, ce n'est ni facile ni plaisant… Je ne suis pas maso ! Mais plus on avance et plus on en reconnaît la nécessité. Pour écouter les autres, discerner sa propre route et accomplir son œuvre, il faut se rendre libre de toute dépendance. C'est bien plus essentiel qu'il n'y paraît de prime abord. En ce qui me concerne, j'ai encore du mal à me réfréner sur les bons petits plats, les douceurs… D'autant que je cuisine plutôt bien ! J'aime bouffer et régaler mes proches. Malheureusement, le chemin du cœur ne passe pas par l'estomac…

Au paradis

Le paradis, je ne sais pas ce que cela pourrait être, mais j'y aspire : pourvu que j'y retrouve Louise Brooks ! Je crois aussi à une forme de jugement ultime, parce que je suis convaincu que le monde, nos vies n'adviennent pas par hasard. Et, sachant cela, je crois que Dieu me demandera : « Toi qui savais que ça n'était pas par hasard, pourquoi n'avoir pas essayé d'améliorer la condition de ceux qui souffrent ? » Alors ça…

Au service de Dieu

C'est plus fort que tout : vous le sentez bien, quand Dieu vous démange !... Vous commencez à vous sentir vaguement mal, vous estimez soudain que tout ce que vous vivez est insipide, vain. Il faut alors impérativement lui causer, se rassurer, se frotter à Lui en urgence pour exorciser cette peur du vide.

Je prie très souvent. Au plumard, par exemple. Mais parfois, j'ai la flemme de faire le signe de croix parce que je commence à m'endormir, alors je m'adresse à Dieu : « Voilà, je te dis ça sans faire de cérémonie, mais on est bien d'accord, hein ? » Et Il comprend. Je fais une espèce de prière automatique apprise par cœur quand j'étais enfant, en français ou en russe, je ne suis pas emmerdé, ça marche à tous les coups ! Mais quand il faut se signer, façon orthodoxe ou catholique, je préfère ne pas trancher...

Je suis toujours *en présence*, mon Dieu est constamment à mes côtés ; que je prie ou non, je vis avec Lui. C'est bien, ça m'évite de jouer la comédie, et quelquefois de trop déconner. Parfois, je ne suis pas d'accord avec Lui... Après tout, on en a bien le droit, du moment qu'on croit !

Je vis ma foi à ma manière : ni ostentatoire ni déconnectée des réalités de ce monde. Par exemple, je ne marcherai jamais dans la combine qui consiste à devenir religieux et à s'isoler dans un couvent pour prier toute la journée ! Il y a trop à faire au-dehors, parmi les hommes ! Même si je ne fais que tendre la main à un mec dans la rue en passant, c'est bien plus important pour moi que de me

cloîtrer pour l'apaisement et le salut de l'âme des autres.
La religion doit marcher avec son temps ! Il faut savoir
s'adapter à son environnement et aux besoins de la société
moderne. Comment peut-on justifier de s'enfermer ainsi
sans rien faire d'autre ? Que l'on renonce à sa vie personnelle pour se mettre au service de Dieu, je le comprends
admirablement bien et je ne le critique pas. Mais à défaut
de se rendre spirituellement nécessaire, on peut quand
même tremper ses mains dans les maux des autres, essayer
de panser leurs blessures, d'apporter un peu de réconfort
ou de chaleur. Et se dire : « Qui suis-je ? Qui m'appelle ?
Pourquoi dois-je agir ainsi ? »

J'aime être complice de ceux qui sont dans le malheur.
Je veux tout faire pour qu'ils puissent grappiller un peu de
bien-être : donner de l'argent à un clodo pour qu'il achète
son litron de rouge, si ça lui chante... S'il décide
d'employer l'argent que je lui donne à se soûler, c'est son
droit le plus strict ! Mon principe, c'est de respecter la
liberté de choix des autres, fussent-ils les plus pauvres et
les plus faibles. Ce n'est pas à moi de juger leurs actes.

Devant la misère humaine, il faut se mettre à genoux.
Comme dans les livres de Tolstoï ou Dostoïevski. C'est en
suivant cette voie que l'on finit par trouver Dieu, j'en suis
certain : en faisant l'expérience du malheur, en résistant à
toutes sortes d'épreuves, en jouant des coudes pour continuer à vivre, en n'abandonnant jamais.

Au point où j'en suis, plus j'ai de dettes, plus j'ai de problèmes, plus je suis dans la merde et plus je sens qu'Il est
là. Pas pour m'aider à m'en sortir, certainement pas ! Il
espère sans doute que, dans cette situation, je finirai par
abandonner toutes les vanités de ce monde. Peut-être y
parviendrai-je un jour...

En attendant, je m'efforce d'être humble et de rendre hommage à Dieu tant que je le peux, comme je le peux. Je n'observe pas de très près les rites de l'Église, mais j'estime que la foi est une affaire trop intime pour être régie par d'autres que soi-même. J'exerce donc mon libre arbitre sans aucun complexe.

Il n'y a pas très longtemps, on m'a demandé si je me confessais... Cette bonne blague ! Se confesser à qui, confesser quoi ? Se confesser à un mec qui n'a jamais baisé, qui ne bouffe pas, qui ne sait pas ce qu'est le sida, qui n'a pas de gosses ni de fins de mois difficiles ?!!! Enfin, on plaisante ou quoi ? Je ne vais sûrement pas me dévoiler à quelqu'un qui n'a rien vécu, et qui va nécessairement devenir un voyeur de mon existence. Ou alors, d'accord, je veux bien me confesser, et tout dire, absolument tout, à un type qui sait précisément de quoi je parle et de quoi je souffre. C'est déjà arrivé, cela s'est produit par hasard, dans une atmosphère de confiance amicale : je me suis soulagé de certains fardeaux et j'en suis sorti la conscience apaisée.

Mais je ne peux pas imaginer me confier à un simple témoin, qui me filerait sa bénédiction en me donnant deux Pater et un Ave à réciter, ou autre chose... Non, là, ce serait indiscret, voire indécent ! Je ne suis plus d'accord. À ceux qui voudraient devenir prêtres, je n'ai qu'une chose à dire : allez donc d'abord baiser, blesser autrui, faire des conneries, allez même en taule, les gars ! Et sortez-en pour entrer dans les ordres...

Ensuite, apprenez à écouter.

Enfin, peut-être serez-vous capables de nous donner l'absolution...

Ceux qui le sont
et ceux qui ne le sont pas

Je suis né mystique. Je suis venu au monde comme ça, je le sais. Toute la différence est là : il y a ceux qui le sont et ceux qui ne le sont pas ! Être né mystique, c'est être habité, visité, toutes les minutes, tout le temps, et ça se traduit par des impressions, des sensations, des visions. C'est ça, être mystique, ce n'est pas une question de religion ! On s'en fout de l'Église ! L'Église ne m'a jamais indiqué un chemin quelconque, c'est moi, au contraire, qui peux indiquer un chemin à suivre aux gens d'Église !

Apocalypse

M alheureusement, je crois que la fin de notre monde
est inéluctable. Il est possible que je me trompe, mais
là-dessus, je ne me fais plus guère d'illusions. Notre indifférence, notre égoïsme, notre manque de courage nous
condamnent. Moi comme les autres...

Il faut pourtant se battre jusqu'au bout.

S'il ne subsistait vraiment plus aucun espoir, il n'y
aurait plus aucune beauté, aucune joie, aucun petit bonheur, plus de plaisir... Il n'y aurait plus personne pour
tomber amoureux, plus personne pour s'émerveiller
devant un coucher de soleil, plus de public pour s'émouvoir devant une pièce ou un concert... L'instinct de vie.
Nous l'avons encore. C'est peut-être lui qui nous tirera de
notre fatale léthargie.

Il faut cependant répandre à tous vents l'idée que la
catastrophe est imminente. Non pour jouer les pytho-
nisses de pacotille qui annoncent chaque nouvelle année
l'apocalypse, mais pour secouer les consciences. Si c'est
encore possible. Une civilisation qui reste de marbre
devant tant de crimes, de misère, devant ses enfants mal-
traités, devant les pauvres hères qui meurent de froid dans
nos rues chaque hiver... cette civilisation ne mérite probablement pas de continuer à exister.

Nous sommes déjà passés à côté du bonheur. Nous
avons laissé filer notre chance.

L'expérience initiée par Dieu est ratée !

Nous avions tout pour réussir, tout pour faire de cette
Terre un endroit vivable – sinon un paradis... – mais nous

avons tout gâché. Le monde est devenu un dépotoir, les océans et les continents sont pollués pour des centaines, voire des milliers d'années ; guerres et génocides se multiplient dans les pays en voie de développement sans que les nations riches s'en soucient ; à notre porte même, on abandonne ceux qui n'ont pas eu assez de chance, on ne leur donne même pas le quart de ce qu'on dépense pour nourrir nos chiens !... La solidarité, l'humanitaire, c'est une vaste blague ! C'est de la merde, une simple abstraction, la consolation de ceux qui voudraient avoir moins mauvaise conscience...

Pour cette fois, c'est loupé !

S'il existe d'autres humains, sur une autre planète, si l'expérience recommence, peut-être aboutira-t-elle... Là-bas, en d'autres temps.

Pour nous, c'est foutu.

La haine et le mal nous ont terrassés.

Oh, bien sûr... nous avons des saints ! De bonnes volontés qui usent leur existence à essayer de limiter la casse. Grâce à eux demeure encore cette infime lueur d'espoir que j'ai déjà évoquée. Quant à savoir si cela suffira pour remonter la pente, j'en doute.

Il faudrait sortir de la spirale infernale, renverser la vapeur, inverser le rythme qui nous conduit à détruire plus vite que nous ne construisons.

C'est une question de proportions : pour l'instant, nous semons des germes de mort plus vite que nous n'apprenons à honorer la vie et à cultiver la beauté.

Si nous ne réagissons pas, le processus s'accélérera bientôt sans que nous puissions freiner notre chute.

Nous sommes des anges en déchéance.

Nous avons rogné nos propres ailes.

De là-haut, Dieu ne peut plus que nous regarder. Et pleurer.

Communion

Communier, moi ? Avec qui, avec quoi ? J'aurais envie de faire communier les curetons, moi, et pas l'inverse ! Je ne veux pas qu'on me communie ! Si quelqu'un m'attendrit, je peux me sentir proche au point de lui ouvrir mon cœur. Mais à un curé ! Je n'ai rien à lui dire. Rien à recevoir de lui. Je n'éprouve pas le besoin de montrer ma foi, de l'afficher, de suivre un cérémonial. Je suis très laconique là-dessus, généralement.

Les rituels ne m'évoquent rien, ils ne me sont d'aucun secours. Je m'en fous. Cela ne soulage pas cette tristesse terrible que je trimbale.

De l'amour

Je ne regrette aucune de mes erreurs. Surtout pas dans le domaine amoureux, surtout pas les femmes qui ont vraiment compté dans ma vie. Mais je ne renie pas davantage celles qui ont traversé mes nuits de solitude. J'ai partagé des moments précieux avec certaines d'entre elles, quelques heures de compréhension, quelques minutes de plaisir dont je leur suis éternellement reconnaissant. J'ai murmuré au creux de l'oreille de quelques-unes de ces femmes des secrets que je n'aurais pu livrer à personne d'autre. Elles apparaissaient miraculeusement dans mon existence, puis disparaissaient avec la légèreté dont nous étions tacitement convenus. Chaque rencontre est un cadeau, chaque personne est sacrée.

Le temps qu'on passe auprès de quelqu'un ne change rien à cela, il faut respecter celui ou celle avec qui l'on a éprouvé du bien-être, même fugitivement.

Il n'empêche qu'une femme peut vous faire payer très cher ces quelques moments privilégiés : l'amour est incertain, soumis aux infidélités, évanescent... Pour une nuit de bonheur, on peut souffrir pendant des années !

Alors que l'amitié... Avec les potes, on peut passer des soirées entières en état de grâce, sans que la suite des événements ne vienne jamais en troubler le souvenir. Et recommencer souvent... Dans ce cas précis, plus le temps passe et mieux c'est ! Avec les vrais copains, on n'est pas en danger, on peut s'exposer sans complexes. On peut compter sur eux *ad vitam aeternam*, on peut les perdre de vue puis les retrouver au bout de plusieurs années comme si on les avait quittés la veille… Allez donc faire ça avec une amoureuse ! Avec ses potes, on a le droit d'être faillible, de péter les plombs, de se comporter d'une manière discutable. Puis on oublie tout et on repart ensemble. Quelquefois, on les délaisse pour se consacrer à sa nouvelle passion : mais les maîtresses passent, tandis que les amis leur survivent immanquablement.

J'ai dans la tête une vision quasi extatique : je me vois assis sur un banc, devant un magnifique coucher de soleil au bord de la mer, à causer avec un copain. Ça, par exemple, c'est sublime ! Eh bien, avec une femme, je ne pourrais pas en faire autant. Impossible ! Pendant longtemps, quand j'étais avec une femme, je ne pouvais pas m'empêcher de penser à une autre…

Aujourd'hui que je connais le véritable amour, je célèbre Dieu parce qu'Il a mis Candice sur ma route. Pour autant, je ne suis pas guéri de l'immense nostalgie qui me saisit quand je pense à Lui. Je m'attendris en pensant à ma femme, à son visage, à son sourire. Mais cela n'a rien de comparable avec l'amour que je voue à Dieu. C'est complètement à part.

Candice est très croyante, plus matérielle que moi, plus pratique. Elle sait ce que je ressens, mais elle n'est pas dans le même état d'esprit. Elle met en pratique la foi qui l'anime, elle se tire de temps en temps pour aller à Lisieux, elle fait des pèlerinages. Chacun vit son amour de Dieu comme il l'entend.

Relations amoureuses, amitié, adoration de Dieu : ces trois facettes de l'amour me semblent indispensables, complémentaires. Aucune ne doit s'exclure. Chacune permet d'aller plus loin et d'embellir son âme, petit à petit.

Bilan provisoire

J’éprouve toujours un profond sentiment d’isolement.
Ce n’est pas gentil pour ceux qui m’entourent, pourtant rien n’est résolu. D’ailleurs, il n’y a aucune raison que
ça le soit : je n’ai pas pris d’engagement suffisant. Je le
regretterai jusqu’au bout. Et puis le moi, le « je », ça me
désole, tant pis pour moi !... Heureusement, en fin de
compte, qu’Il ne m’a pas permis de trop me préoccuper de
mes états d’âme. Je n’existe pas, je n’ai aucune importance. Oui, j’ai probablement fait un peu de bien autour
de moi, mais j’ai tout oublié, très vite. C’est normal, c’est
ainsi que cela doit être. L’homme qui agit avec bienveillance et honnêteté ne s’en étonne pas, il ne s’y arrête pas,
il s’en tape ! Il n’y a même pas de satisfaction à le faire, ce
serait un sentiment bien trop prétentieux. Je pense à un
acteur, un personnage haut en couleur qu’on surnommait « Berlioz » quand j’étais jeune. Il était toujours très
fier de lui. Un soir, alors que nous étions en tournée et que
nous nous étions arrêtés dans un hôtel bon marché, nous
l’avons entendu à travers la cloison dans la chambre d’à
côté demander à la jeune femme qu’il venait d’honorer :
« Alors ? Contente ?... » Eh bien voilà : s’extasier sur sa
propre bonté, ce serait aussi indécent et stupide ! Il ne faut
surtout pas tenter de se prendre au sérieux, c’est
grotesque !

Avec l’âge, on s’agace de ne pas faire aussi bien qu’on
le devrait, parce qu’on sait qu’on n’aura plus forcément
l’occasion de se rattraper. Au théâtre, par exemple, je me
suis récemment inquiété du fait que la salle semblait

moins remplie que d'ordinaire. J'ai voulu savoir pourquoi, je me suis angoissé jusqu'à ce que j'obtienne enfin une explication. Les gens de mon équipe m'ont rassuré : « Mais c'est seulement parce qu'il pleut ! » m'ont-ils dit. Parce qu'il pleut… Aussi bête que ça. En vieillissant, je suis encore plus attentif, constamment sur mes gardes.

Quelquefois, je me sens tout de même fatigué, j'ai envie de laisser aller le destin, de lâcher prise, de ne plus me préoccuper de moi, de ne plus contrôler. Pour faire quoi, prouver quoi ? Bien sûr, j'espère que je pourrai encore tenter de nouvelles choses avant de tirer ma révérence… Mais il faut que j'arrête de me leurrer moi-même. C'est à 20 ans qu'on peut entreprendre ce pour quoi on pense avoir été mandaté. Pas au seuil de la vieillesse ! Puisque je n'ai pas réalisé tout ce que j'aurais dû, c'est à d'autres d'essayer. Rideau !

Je ne sais pas ce qu'on fait sur cette planète. C'est comme se demander qui a inventé le travail : fatalement un type qui n'avait rien à faire ! Je ne me pose pas ce genre de questions. La vie dans toute sa simplicité se suffit à elle-même. Elle se démontre elle-même, elle ne réclame pas d'analyse.

Dieu vous le rendra

Un jour, j'étais dans un taxi arrêté à un feu rouge quand un vieil homme perdu a frappé à ma vitre. Il m'a demandé si je ne voulais pas lui acheter une canne à pêche. Je lui ai répondu :

— Mais bien sûr ! Et comment ! Je vais vous l'acheter parce que c'est la canne à pêche dont je rêve depuis toujours.

Ainsi fut-il fait. Et lorsque j'ai voulu régler le chauffeur de la voiture en fin de course, il m'a répondu : « Merci monsieur, mais j'ai déjà été payé... »

Graines de violence

Chaque homme devrait avoir le droit de vivre dignement, en exerçant le métier de son choix. Qu'il désire être boulanger, jongleur, prêtre ou... charpentier, on devrait respecter sa volonté et le traiter avec la même considération qu'un chirurgien ou un politique. Mais non ! Dans nos sociétés, on contrarie les volontés, on rabaisse ceux qui n'ont pas un pouvoir d'achat assez important, on ne respecte pas la volonté des gens ! En revanche, on admet parfaitement que les notables et les plus riches profitent du dénuement ou de la faiblesse d'autrui. Alors, que faire ? Les gamins de banlieue, que d'aucuns ont rebaptisés « sauvageons », ont opté pour la violence. Je ne suis pas d'accord avec ce choix, mais je le comprends très bien. Si la violence n'amène rien de bon, elle permet en tout cas d'effrayer un peu ceux qui ne font aucun cas de la détresse des autres, elle alerte ce que l'on appelle pompeusement l'« opinion publique ». Personne ne voit donc qu'il s'agit d'un appel au secours ? Les gamins refusent de vivre dans un monde d'indifférence et de lâcheté, ils font n'importe quoi pour qu'on les écoute enfin, pour rendre enfin visible cette misère aseptisée, policée, normalisée, qu'on a pris l'habitude de tolérer. Leur révolte est un cri de désespoir.

Mais attention : je ne peux pas accepter l'amertume, la passivité. J'ai horreur de ceux qui veulent détruire sans savoir quoi reconstruire. On ne doit pas se plier au fatalisme ambiant. Si l'on a des convictions profondes, il faut les assumer, se battre jusqu'à les réaliser. La violence ne pourra jamais apporter de remède. La fraternité seule peut empêcher notre société de sombrer. À chacun de s'y efforcer, « sauvageon » ou nanti.

Grosse fatigue

J e me sens tout de même un peu fatigué. Ma vie s'est déroulée à un rythme effréné, entre rires et larmes, sans aucun répit, aucune latence. J'ai passé mon temps à me précipiter : vers quoi ? La question reste en suspens. J'ai parfois l'impression d'avoir eu une existence un peu vaine, futile. Me retourner me donne le vertige. Mieux vaut que je porte mon regard plus loin en avant. Plus haut.

Dernières volontés

A i-je peur de la mort ? Si je m'endors pour ne plus me réveiller, je pense que ça s'arrangera ! Elle m'effraie selon les circonstances et pas aux mêmes moments. Mais j'y pense, c'est certain. Oui, c'est sûr. Je ne voudrais personne avec moi, pour mes funérailles. Je voudrais que le cercueil qui contiendra mon corps soit déposé dans un caveau où il y aura de la lumière – artificielle ou naturelle selon l'heure de la journée – et y être entouré de souvenirs de mes potes, d'objets appartenant à ceux que j'aime, de leurs photos. J'aimerais que mon corps repose dans un bois de bouleaux, comme Tolstoï, ou dans un cimetière battu par les vagues, caressé par le souffle des embruns, comme celui où se trouve le tombeau de Chateaubriand. Ou alors, tant pis, incinéré ! J'aurais quand même un peu peur d'y passer alors que je serais peut-être encore vivant. D'ailleurs, je désire qu'on ne cloue pas trop fort mon cercueil, pour les mêmes raisons ! Voilà pour la partie terrestre... Ce qui se passera après, c'est une autre histoire !

J'aime Dieu

J'aime Dieu. J'aime Le prendre dans mes bras, j'aime Le sentir avec moi. Je L'aime d'un amour plus réel que tout autre, plus réel que ce que je touche ou ce que je vois chaque jour. Pourtant, je ne peux m'empêcher de penser à cet ami, Bernard Noël, qui était très malade et sur le point de mourir – je l'avais senti avant quiconque. Un matin, en larmes, alors qu'il se promenait dans un parc, il s'est écroulé, s'accrochant au tronc d'un arbre en demandant : « Pourquoi ? Pourquoi ?… »

Et c'est ce « Pourquoi ? » fondamental qui pose problème : il ne faut surtout pas s'y arrêter, sinon, on est cuit ! On ne peut pas répondre à cette interrogation-là, on ne peut que s'y perdre, y abîmer sa foi et son espoir. Derrière ce « Pourquoi ? », il n'y a encore pour nous que du vide, le néant et la ruine de l'âme.

Un anarchiste mystique

Je n'appartiens à aucun camp, à aucun clan, je ne privilégie aucune chapelle ! Je suis un marginal mystique, méfiant de naissance. Tout ce que l'on peut dire de moi, c'est que je suis croyant. Et désespéré. L'un n'exclut pas l'autre : au contraire, peut-être... Notre fragilité d'êtres humains m'inquiète. Nous ne représentons que quelques grains de poussière dans l'Univers, un accident divin, nous procédons d'une tentative timide. Issus du néant, nous pouvons fort bien y retourner aussi vite, si nous abandonnons Dieu. Certains disent que Dieu n'existe pas.

Moi, je crois en Lui parce que j'ai envie qu'Il existe.

Si Dieu n'existe pas, plus rien n'a de sens : c'est une hypothèse qui ne m'arrange pas du tout ! La vie n'est vraiment intéressante que dans la perspective de Dieu.

S'Il n'existe pas, à quoi bon tourner en rond et s'agiter ici-bas ? À quoi bon construire, aimer, souffrir et mourir ? S'il n'y a aucun espoir, alors l'Univers entier est une absurdité, voire une obscénité. Je ne peux pas envisager une telle ironie du sort... sans personne pour en rigoler ! Et puis moi, je laisse tout tomber s'il en est ainsi... Comment bâtir un monde plus juste sans la foi pour nous guider ? Sans foi, on ne construit rien. On n'a pas l'envie ni la force.

Car la qualité intrinsèque d'un croyant, c'est d'être efficace. Croire en Dieu n'est ni facile ni tranquille. Jamais. Cela suppose un inébranlable optimisme, une volonté jamais démentie d'aider les autres et de combattre pour la justice. Lorsqu'on vit sa foi, on écoute sa conscience et on se fait chaque jour violence pour ne pas la trahir (ce ne sont pourtant pas les occasions – les tentations – qui manquent…).

Les révolutionnaires en font autant, c'est pour cela que je les aime bien ! La révolution en elle-même ne me semble pas bien utile, mais ceux qui la font ou la souhaitent possèdent une lucidité que je respecte.

Chacun est libre d'être conscient ou pas, de comprendre les Évangiles ou de les ignorer. Impossible de contraindre les gens à ça ! Tenter de leur inculquer l'amour du prochain est un véritable sacerdoce… Faut être un saint pour s'y coller… Ce n'est pas mon cas. Je suis un dégonflé. Trop souvent, je vois la misère autour de moi, mais je ne dis rien. Je ne gueule pas – ou pas assez, c'est égal. De pauvres types continuent à dormir dans la rue, sur des bouches d'égout, pour ne pas crever de froid sous nos yeux. Et s'ils meurent, on annonce le triste bilan aux infos avec un petit air contrit. C'est tout. Les passants continuent de passer en regardant droit devant eux, sans s'arrêter pour secourir les pauvres hères…

Ces gens qui crèvent de misère pourraient être vous ou moi, si le sort nous était moins favorable. Quelle différence entre nous ?

Je réagis au malheur, à l'injustice, à la pauvreté par instinct. Je ne suis pas façonné par une éducation, une morale ou une culture. Spontanément, je suis solidaire des autres humains. Je n'aime pas les querelles. Concernant l'Église, même chose ! On est conservateur ou non, on choisit une Église plutôt qu'une autre. Pas moi. Je ne vois pas pourquoi j'appartiendrais à un groupe et pas à l'autre. Tant que l'union entre les hommes n'aura pas été réalisée, au cœur même de l'Église, je ne changerai pas de position.

Je reste seul parmi mes semblables pour mieux les aimer, sans parti pris ni préjugé. On pourrait croire que je suis un individualiste forcené. C'est tout l'inverse ! Je serais bien plus serein si je ne me préoccupais que de moi.

Alors que j'étais attablé dans un restaurant, j'ai un jour entendu une dame dire de moi à son compagnon :

— Regarde ce type, comme il a l'air triste ! C'est pas possible de faire une tête pareille...

Chère madame, si jamais vous lisez ces lignes, sachez que j'aurais en permanence un sourire béat aux lèvres si j'étais un peu plus égoïste. Je ne suis pas misanthrope, je ne suis pas un vieux con amer... J'aime trop les autres pour rester parfaitement calme et satisfait de ce que je constate au quotidien.

Voilà pourquoi je me considère comme un anarchiste mystique. Je n'ai pas d'autre choix.

Ma mauvaise conscience ne me laisse pas le choix.

Je ne dors pas bien. Et vous ?

La charité est un réflexe de Pavlov

Je n'aime pas la pitié, l'indulgence ou la charité. Ce sont des mots que je ne comprends pas, que je n'utilise pas, qui me hérissent le poil ! Lorsqu'on accomplit sciemment – c'est-à-dire en le pensant et le revendiquant comme tel – un acte de bonté, de générosité ou de… charité, il s'annule de lui-même. L'acte de donner doit, selon moi, être libre de toute entrave morale. On doit pouvoir donner sans même s'en rendre compte, comme on attrape au vol un objet qui tombe et risque de se briser sur le sol : il faut avoir le réflexe de rattraper les autres avant qu'ils ne se brisent, avant que la misère et le malheur ne les achèvent.

Je ne suis pas adepte du bouddhisme, mais je partage au moins une de ses convictions : laisser autrui crever doucement à côté de soi sans bouger le petit doigt ne peut rien apporter de bon. On finira aussi par en crever, car tous les destins sont intimement liés les uns aux autres. L'individualisme est une connerie ! L'humanité ne s'en sortira que si chacun tente de participer à son salut.

Dans le même ordre d'idées, et parce que je veux être logique avec moi-même, je refuse toute forme d'indulgence. Si je rencontre un type con, je ne cherche pas à le comprendre, je n'essaie pas de lui trouver d'excuses, je n'attends pas que ça lui passe ! Ce n'est ni mon rôle ni mon tempérament. Je ne le juge pas non plus. Je m'en tape et je passe mon chemin. Évidemment, on peut toujours m'objecter qu'il faut parfois du temps pour apprendre à bien connaître quelqu'un, à reconnaître ses qualités… Mais le temps, justement, je ne l'ai plus ! Pour être parfaitement honnête, je ne l'ai jamais eu. J'ai toujours préféré me lier avec des mecs intelligents, simples, sensibles. Les autres, ceux qui ne se laissent émouvoir par personne d'autre qu'eux-mêmes, les racistes, les extrémistes, les égoïstes, les belliqueux ou les médiocres du quotidien, je les évite, je les fuis ! Ils sont la lie de notre humanité, la peste qui nous dévore et nous entraîne vers le chaos. Il y a trop à faire pour essayer d'opérer le tri entre ceux qui ont un « bon fonds » et les irrécupérables. Un proverbe russe conseille : « On te donne : tu prends ! On te bat : tu fous le camp ! » Je l'ai toujours appliqué à la lettre et je crois que cela m'a permis d'éviter bien des pièges. Le bon sens populaire est celui de la survie, de la simplicité, de la vraie générosité. Celle qui ne s'encombre d'aucun faux-semblant, d'aucun masque, d'aucun dogme. Je crois qu'on est généreux, bon, charitable lorsqu'on suit sa vraie nature et qu'on ne cherche pas à éblouir autrui par l'étalage de ses vertus ou d'un moralisme plus que douteux…

La divine inspiration

———〜〜———

Je ne suis jamais inspiré par ce que je viens de lire, par le seul récit. L'inspiration vient de beaucoup plus loin. Elle relève chez moi de la réminiscence : je me souviens d'une lecture parce qu'il m'en reste une image, une vision qui soudain émerge du fond de ma mémoire, pour une raison indéterminée. Je suis sensible à la beauté littéraire, mais les mots en tant que tels ne me disent pas grand-chose, je dois toujours les traduire et les interpréter sous forme d'images, me les approprier en les visualisant. Je me suis arrêté au certificat d'études, je ne suis pas un intellectuel. La réflexion pure ne déclenche donc rien en moi, je lui préfère une émotion plus primale.

Les parfums, les sons, les couleurs peuvent mettre en branle ce processus créatif, qu'ils soient agréables ou pas. Ils titillent mes souvenirs et suscitent ce que l'on peut appeler littéralement une « vue de l'esprit » ! Les odeurs m'évoquent des crépuscules d'été, des peaux qui me furent familières, des tablées mémorables ou des émois juvéniles… Elles me rendent nostalgique et m'emportent sur les ailes du temps. Je me souviens de tout ce que j'ai observé depuis mon plus jeune âge, quand je faisais mes universités dans les arbres ! Je revois tout : mes rêves et mes cauchemars, mes amis et mes parents, les joies et la tristesse, mes peurs et mes découvertes… Je peux tout revivre, me repasser tout le film depuis le début. J'avance et j'invente grâce à l'enfant qui continue de vivre en moi.

Si l'on m'empêchait d'entendre et de sentir, je deviendrais comme Beethoven : sourd à ma propre musique ! J'ai

toujours fonctionné ainsi, aussi loin que je m'en sou-
vienne. Je pense que cette extraordinaire faculté est innée.
La musique provoque cet état avec encore plus de viru-
lence que d'autres sensations. Elle peut me porter aux
nues, m'envoûter et forcer ma créativité alors même que je
suis préoccupé par autre chose, que je ne serais disponible pour rien d'autre. C'est plus fort que moi, incontrô-
lable et magique. Peut-être est-ce divin… L'émotion qui
naît de ces instants rappelle en tout cas à la dimension
sacrée de l'existence.

La foi pour tout bagage

Avoir la foi est extrêmement sécurisant, mais présente également beaucoup de contraintes. C'est rassurant parce qu'on vit avec la perspective d'un au-delà plein de promesses. On se fait à l'idée de sa propre mort, on se dit qu'on est un simple passant… Rien de grave, en somme ! Moyennant quoi, je suis moins enclin que d'autres à m'accrocher aux choses et aux biens de ce monde, voire aux autres « passants ». Après la vie, il y a l'éternité. Alors, à quoi bon se battre pour posséder ? Il n'y a que la richesse du cœur qui compte quand vient le moment de claquer, c'est le seul bagage autorisé pour partir *là-haut* !

Cette certitude est d'un grand réconfort, d'un grand secours.

En contrepartie, je m'engage à me laisser entraîner par la foi, je dois me tenir prêt à accepter le dénuement, à repartir avec mon bâton de pèlerin au moment où je m'y attendrai le moins, à me mettre au service de Dieu lorsque j'en sentirai l'impérieuse nécessité. En tant que croyant, je peux être amené à abandonner ma vie d'aujourd'hui pour faire autre chose. Si j'en ressens la demande, je devrai obéir, quels que soient les obstacles matériels ou les attaches affectives. Je découvrirai alors d'autres choses, j'accéderai à une autre dimension de mon existence… Être croyant, c'est refuser l'immobilisme, chercher à évoluer en permanence, ne jamais se satisfaire de ce que l'on est ou de ce que l'on fait.

Les croyants d'aujourd'hui doivent suivre l'exemple des disciples d'autrefois, qui ont entendu l'appel du Christ. Rien n'est obsolète en ce qui concerne les Évangiles.

Mais jusqu'où irai-je ainsi, mon Dieu ?

Je ne le sais pas et je n'ai pas à le savoir. Je dois simplement obtempérer à ce qui s'impose comme une évidence. Quand Il me fait signe, je n'ai plus de répit, j'y pense jour et nuit, jusqu'à me lancer dans l'action. Après... À Dieu vat !

La difficulté consiste à se bouger, à passer outre ses défauts, ses contradictions, ses faiblesses. Nous sommes tous pareils... Un jour, quelqu'un m'a apostrophé sévèrement sur ce sujet : « Comment pouvez-vous vous apitoyer sur la faim dans le monde alors que vous déjeunez tous les jours au Fouquet's ? » C'est vrai. Je pleure sur la misère de cette Terre, mais j'aime m'offrir certains plaisirs — y compris ceux de la table. « Et alors ? » me suis-je d'abord dit, un peu en colère. Mais cette désagréable réflexion n'était après tout pas si inepte, posant la question de l'adéquation entre mes convictions et mon comportement quotidien.

Je n'ai toujours pas résolu ce dilemme. Je fais ce que je peux, je pense être lucide mais, pour l'instant, je ne crois pas pouvoir être plus efficace en allant nu-pieds prêcher sur les routes ! Je n'exclus pourtant pas que cela puisse advenir un jour... On verra bien. Ce n'est pas moi qui décide !

Je pense souvent à un homme exemplaire, dont l'existence fut d'abord pétrie de paradoxes avant de trouver sa lumineuse logique : Charles de Foucauld. Il a d'abord été un jeune homme turbulent, officier et explorateur, avant d'entrer chez les trappistes et de devenir missionnaire, puis ermite dans le désert. Le père de Foucauld a consacré son existence à Dieu après avoir expérimenté les turpitudes de ce monde. Aucune contradiction ne résiste à un tel parcours...

La force de l'évidence

Je suis un instinctif. Je crois ce que mon cœur et mes tripes me dictent. Depuis mon premier souffle, je suis croyant. Au début, je ne pouvais pas le savoir, puis j'ai découvert progressivement cette passion qui continue de m'animer. C'est ma force, mon sang, ma fierté. La foi ancrée en moi me pousse aux meilleures extrémités ! Oui, je suis un exalté, et alors ? Seuls les médiocres ne le sont pas ! Je veux aider les autres sans qu'ils le sachent, j'en retire toute la satisfaction d'accomplir un acte parfait autant que gratuit. Je recherche cette sensation comme je recherche Dieu. À force de croire avec tant de naturel, je pensais bien aboutir à une évidence : eh bien, non ! Le temps m'est compté, je ne sais toujours pas ce qui m'attend, où je vais, ce qu'est Dieu. Je n'en ai pas la moindre idée ! Dans les mauvais moments, je suis taraudé par le doute... Peut-être me suis-je trompé dès le début ? Peut-être ne trouverai-je pas ce que j'attends... Mais qu'est-ce que j'attends ?

La justice bâillonnée

L a justice, ce serait que chacun puisse vivre selon sa culture, ses besoins, ses désirs et ses racines. Que chacun ait le droit à son identité. La justice est constamment violée, foulée aux pieds, pervertie... On parle beaucoup des droits de l'homme, mais partout sur cette Terre sévissent l'oppression, la torture, l'indifférence. Des erreurs sont constamment commises, à tous les niveaux de responsabilité, qui conduisent nos sociétés à l'asphyxie et au sacrifice de vies innocentes. Seulement, on y est accoutumé, on y fait à peine attention. L'injustice ne s'exprime pas uniquement devant les tribunaux ! Elle est quotidienne et omniprésente, plus ou moins lourde de conséquences.

La justice ne relève pas exclusivement de l'acte politique. Elle est l'affaire de tous. Et la tâche est vaste ! D'autant plus qu'on ne se mêle pas forcément des problèmes qui nous concernent ou auxquels on peut véritablement remédier... On dit que l'enfer est pavé de bonnes intentions... C'est effectivement ce que je constate chaque jour. Il ne faut pas nécessairement craindre la malveillance venant d'autrui, mais bien plus souvent la maladresse. Ou la connerie, ce qui revient au même. Bon Dieu, quelle tristesse !

L'homme est pourtant capable de bonté, de beauté, de générosité. Il est susceptible d'accomplir des choses admirables, pour peu qu'il soit inspiré ou tout simplement conscient du monde qui l'entoure. Nous sommes capables des plus extraordinaires prouesses ! Il suffit d'observer les progrès immenses réalisés au cours du XXe siècle dans le domaine des sciences, de la médecine. Nous nous préparons à écumer l'Univers, peut-être à coloniser d'autres planètes, nous repoussons les limites du vivant en génétique, nous communiquons en temps réel avec des interlocuteurs situés à l'autre bout de la planète… Mais à chaque fois, pour ce qui concerne la tendresse, l'instinct de vie, le respect des libertés, on bloque ! Terminus les étoiles, tout le monde débarque ! Très vite, dans ce domaine-là, le seuil d'incompétence est rapidement atteint.

Pourquoi ?

Parce que nous sommes victimes de nous-mêmes et que nous sommes des êtres finalement très limités. On peut avoir des éclairs de génie, mais on omet toujours l'essentiel : l'intérêt de l'humanité. « Science sans conscience n'est que ruine de l'âme », a dit le sage. Rien de plus vrai aujourd'hui ! Ceux qui détiennent les clefs de la connaissance ne mettent pas leur intelligence au service de l'homme (du moins pas en priorité) : il y a eu Tchernobyl, les marées noires, l'agent orange ; aujourd'hui, ce sont des peuples entiers qu'on laisse mourir, comme au Rwanda ou en Afghanistan ; et demain ? On clonera des humains à des fins plus ou moins avouables… Ce ne sont là que quelques exemples parmi d'autres. Les catastrophes s'accumulent dans tous les domaines. Le fric et l'intérêt personnel sapent tout.

Ceux qui ont les moyens d'améliorer le sort commun ne sont pas au point aux plans spirituel et humain. C'est la cause de tous nos maux !

Les politiques en période de campagne électorale nous abreuvent de belles promesses qui ne sont jamais suivies d'effets, quelle que soit la tendance de l'élu qui les a faites. Chaque fois, on est berné… Nos grands cerveaux ne parviennent pas à résoudre le paradoxe du pouvoir : profiter de certains privilèges et, en même temps, les dénoncer !

Peut-être faudrait-il adjoindre à nos leaders des gens simples, issus du peuple et possédant une intelligence pragmatique, qui sauraient les rappeler à leurs devoirs d'humains... Peut-être faudrait-il faire passer à nos chefs politiques un examen qui évaluerait leur aptitude à la compassion et à la bonté...

Je rêve d'un monde où la justice se ferait enfin entendre, pour tous, sans distinction de race, de classe sociale ou de culture. Un monde simple et beau, à notre échelle d'hommes.

La liberté en héritage

Je n'ai pas de message spirituel à transmettre à mes enfants. Que dalle ! Qu'ils se démerdent ! La spiritualité, c'est comme un trésor qu'on doit chercher tout seul et qui n'appartient qu'à soi. On décide de chercher ou non, chacun est libre de le faire ou non. C'est trop personnel, le prosélytisme est déplacé, inopportun, indécent. En ce qui me concerne, je ne me suis jamais vraiment posé de question sur l'existence de Dieu. Je ne cherche à convaincre personne, ce n'est pas mon propos, je ne suis pas un gourou ! Quelle importance ai-je pour proclamer que je crois ou pas en Dieu ? On s'en tape ! L'important, c'est de savoir ce que Lui pense de nous. Où allons-nous, d'où venons-nous ? Il n'y a rien à dire : on attend, il faut attendre. Et se surveiller, en attendant la mort. Nous sommes dépendants de la mort : chacun connaîtra son heure de vérité.

La nécessaire utopie

L'utopie est une nécessité. Je veux rester utopiste jusqu'à la fin, mais un utopiste lucide et éveillé, qui se bat chaque jour pour voir ses rêves se réaliser. Notre dignité d'homme passe par là, l'amour-propre et l'estime qu'on peut avoir pour sa propre personne tiennent à ce que, comme le rappelait Montaigne, « tout homme porte en soi la forme entière de l'humaine condition ». Pour être digne, il faut suivre les élans de son cœur et s'acharner à bâtir pour ce monde que Dieu nous a offert. Nous devons travailler à l'avenir sans nous arrêter aux critiques des tièdes. Pour être libres, nous devons nous donner les moyens de nos utopies. Les idéalistes voient juste, même s'ils ont tort d'avoir raison trop tôt. Et s'ils ont tout à fait tort, je leur donne encore raison : de leur esprit et de leurs initiatives manquées naîtra le progrès. Les utopistes font avancer le monde avec leurs contradictions ! Parce qu'ils sont forcément généreux, qu'ils dérangent, qu'ils soulèvent l'incrédulité et suscitent la réflexion. Ce sont des humanistes, des déraisonnables, des tendres, des excentriques au regard des autres. On les châtie même parfois en place publique rien que pour cela ! Quand on ne les brûle pas pour hérésie… Il ne faut pas croire que je plaisante : la chasse aux sorcières reprend parfois contre ceux qui ont l'impudence de prêcher la justice et le partage.

Soyez tolérants, ne cédez jamais à la critique, ne perpétuez pas le cercle vicieux ! Chacun ses faiblesses, celui qui juge celles d'autrui méconnaît les siennes et fait preuve d'orgueil. Dans l'adversité, si je n'ai qu'un conseil à vous donner, c'est celui-ci : adoptez la stratégie du silence, afin d'endiguer la violence.

Bien entendu, j'ai moi-même du mal à mettre ces honorables principes en application ! Mon tempérament bouillant me pousse encore trop souvent à ruer dans les brancards contre les importuns et les diffamateurs. Je râle, je peste, je tempête. J'attaque parfois avant même d'être attaqué... C'est parce que je tiens à mes utopies, parce que je veux concrétiser mes projets.

Parce que je sens que ma folie peut fonctionner, et apporter quelque chose aux autres, aux jeunes et à d'autres utopistes, à ceux pour lesquels le culte du fric ne suffit pas et qui ne réclament de leurs aînés qu'un peu d'enthousiasme. Ceux-là n'ont pas besoin qu'on leur fourgue une morale prête à l'emploi ou qu'on leur casse les oreilles avec des expériences de vétéran. Ils ont besoin de tracer la route eux-mêmes, pour aller là où ils le désirent. Ils n'ont besoin que de l'encouragement et de l'amour des plus âgés, de tendresse et de générosité désintéressée. Il faut faire gaffe à ne pas blesser : d'un mot, d'une phrase, on peut guérir ou désespérer. Il faut donc aborder les autres, surtout les jeunes, avec une grande humilité.

Mon utopie, c'est de transmettre à mes gosses un grand principe : « Ne sois pas trop con ni radin », et d'espérer qu'ils trouvent ainsi leur voie.

Mon utopie, c'est de donner et d'aimer pour que d'autres donnent et aiment à leur tour.

Le funambule

L e malheur, c'est qu'on est toujours insatisfait de son sort. Il faut toujours qu'on regarde à côté pour voir s'il n'y a pas mieux. Et si le copain se régale davantage, si on a l'impression qu'il est plus nanti, alors là, c'est la crise ! On s'indigne, on prend le ciel à témoin, on se rebiffe méchamment.

Et pourtant, l'ambition n'est pas mauvaise en soi. Elle permet d'avancer bille en tête, de concocter des plans, de croire à ses rêves. L'écueil consiste à éviter d'écraser les autres pour y parvenir. On peut jouer des coudes, pousser un peu pour se faire sa place au soleil, mais il faut savoir doser l'effort ! Entre l'ambitieux et le salopard, la ligne de démarcation est souvent très mince. Il est fort louable de vouloir changer un peu les règles du jeu, mais c'est autre chose que de chercher à éliminer purement et simplement le concurrent. Toute la différence entre l'honnêteté et la corruption se situe dans cette nuance. Il est si facile de basculer et de commettre le mal… Satisfaire son ambition est un exercice périlleux qui nécessite une attention de chaque instant, sous peine d'y salir son âme. On progresse perpétuellement sur la corde raide. À petits pas, comme un funambule.

Le religieux et le spirituel

À quoi servent les religions ? Quelles qu'elles soient, elles n'existent qu'en fonction du message reçu, qu'il soit exprimé par le Coran, la Torah ou par les Évangiles. Ce sont des signaux qui ont été transmis par certains hommes que l'on considère comme les envoyés de Dieu, ou comme son identification. Notre créateur nous laisse toujours le choix du bien ou du mal, de la vie ou de la destruction. Mais il est évident que les hommes ont besoin de prophètes pour leur montrer le chemin : ils sont comme des enfants, ils ne sont pas matures, ils sont en état d'évolution, de développement, ils viennent d'entrer dans l'adolescence. Tout au long de l'histoire se sont manifestés des émissaires de Dieu, chargés de mettre en garde l'humanité. Ils nous ont déjà dit en quoi consistait l'essentiel : nous devrions, instinctivement, être solidaires les uns des autres.

Hélas ! Cela me navre de constater que nous sommes encore si loin du compte… J'ai peur que nous ne parvenions jamais à nous en sortir, que notre évolution spirituelle soit irrémédiablement compromise, que nous passions de la préhistoire à la décadence sans jamais connaître notre « âge d'or » d'amour, de paix et de partage.

Nous dansons sur un volcan ! J'ai l'impression que se côtoient des milliards de vies, de respirations, de volontés et d'existences paumées, incohérentes, qui possèdent un dénominateur commun, mais ne sont pas reliées les unes aux autres comme elles le devraient. Il y a beaucoup d'anarchie dans la vie terrestre ! L'homme s'agite dans tous les sens, s'échine à rester complètement indépendant d'autrui, sa vie forme un tout en elle-même, avec un début et une fin, mais elle reste trop personnelle, repliée sur elle-même, désespérément égocentrique. Dans ces conditions, la conscience et l'âme ne peuvent pas évoluer.

Il faudrait que l'humanité reprenne son souffle, qu'elle s'offre une véritable prise de conscience, une réflexion absolue recentrée sur le cœur. Les hommes pourraient ainsi comprendre tout le tragique de leur condition ! Les gens sont intelligents, on peut leur parler, les faire raisonner, mais ils sont paralysés par une espèce d'effrayant fatalisme, qui ressemble beaucoup à de la résignation... L'être humain s'imagine autonome alors qu'il ne l'est réellement qu'en fonction des autres, et des uns avec les autres.

Nous sommes en contact permanent avec des centaines d'autres individus, nous utilisons les satellites de communication, Internet, nous pouvons communiquer en quelques secondes avec des correspondants résidant à l'autre bout du monde... mais nous ne savons toujours pas comment vivre ensemble !

L'angoisse et la solitude sont immuables, sous diverses apparences. La technicité avance, mais pas la spiritualité, qui se meurt lentement. Ce n'est pas la religion qui façonne cette spiritualité, c'est l'amour, l'échange, la générosité, les sentiments et l'espérance. Il semble pourtant que nous ayons renoncé à tout cela.

Il suffirait de se regarder, de se parler... Parfois, on assiste à un sursaut de lucidité. On sait confusément que l'on n'arrive pas à améliorer la condition humaine, alors on se révolte un peu, on proteste. Évidemment, cela ne suffit pas. La vanité des doctrines est terriblement flagrante.

On parle de partage matériel, on évoque la possibilité de mieux répartir les richesses, mais l'essentiel n'est absolument jamais évoqué : le mot « amour » n'est jamais, jamais prononcé...

On tourne en rond, rien de nouveau ne nous permet d'espérer un véritable épanouissement. C'est comme en amour ! Je dis souvent à des jeunes filles de mon entourage, qui me demandent conseil : « Si tu rencontres un homme qui te dit quelque chose de nouveau, que nul ne t'a jamais confié, alors fonce, tu as une chance folle !... »

Le rôdeur des chapelles

Je ne suis pas une grenouille de bénitier ! J'ai l'âme slave et mystique, ce qui constitue presque un pléonasme, mais je ne suis pas un dévot. Catholique accepté tardivement dans le giron de l'Église, j'ai une manière assez peu conventionnelle de pratiquer ma foi. Depuis mon baptême, je n'ai pas changé ma manière d'être. J'entre furtivement dans les églises pour me repaître de leur quiétude, pour allumer un cierge, réfléchir et prier seul dans l'ombre fraîche. Généralement, j'obéis à une impulsion soudaine et irrépressible. J'ai besoin de ce huis clos avec Dieu, je n'assiste jamais à la messe, je ne supporte pas l'hypocrisie qui conduit certaines personnes à adopter pour l'occasion un comportement de « croyant modèle » : on se retrouve ainsi à côté de types qui n'hésitent pas à avilir ou blesser leur prochain dans la vie quotidienne mais qui, parce que c'est dimanche, croient se racheter une conduite en psalmodiant quelques prières et cantiques... Allons donc !

Je ne prétends pas moi-même me comporter en chrétien exemplaire. Ceux qui m'entourent et travaillent avec moi savent bien à quoi je fais allusion : je peux tempêter, râler, piquer des colères épouvantables, être odieux et le regretter aussitôt... Ma nature emportée ne se laisse pas facilement juguler. Mais j'essaie toujours de ne pas commettre l'irréparable, de ne pas blesser, de ne pas faire vraiment mal. C'est loin d'être facile. Il faut rester sur ses gardes en toutes circonstances, se surveiller sinon se maîtriser.

Respecter sa foi impose une conduite de vie.

Il n'est pas nécessaire d'accomplir de grandes choses pour lui être fidèle. Il faut juste faire preuve d'un minimum d'honnêteté et d'exigence envers soi-même.

En ce qui me concerne, le plus important consiste à refuser de mentir. Je refuse les masques, la tromperie, car je sais que le mensonge engendre l'aliénation de sa personnalité et de ses idéaux. Sans parler du mal qu'on propage alors autour de soi...

Il faut se montrer humble, être sincère, se découvrir sans fards, que cela plaise ou non ! On doit m'accepter tel que je suis. Je dois me regarder tel que je suis.

Bien entendu, il est très éprouvant de porter un regard complètement intransigeant sur soi : on ne peut pas honnêtement se déclarer satisfait de ce que l'on découvre ! Sinon, c'est qu'on est dingue ou irrémédiablement mégalo.

Avoir la foi, ce n'est franchement pas de tout repos ! On est obligé d'avancer, de chercher à se dépasser, de transcender ses désirs. La foi envahit toute l'existence, elle vous change en profondeur, progressivement, elle vous pousse vers un ailleurs insoupçonnable.

Elle me pousse vers Dieu, j'imagine.

Le souffle au cœur

Les gens s'agitent trop et ne s'émeuvent pas assez. Ils sont pris par une sorte d'interminable frénésie qui les pousse à brasser du vent pour continuer à vivre une existence vide et vaine qu'ils croient très intéressante. Ils sont agrippés à leurs petites habitudes, à leur confort, et ils croient que l'essentiel est là ! Quelle tristesse ! Ce sont des pantins prisonniers de rapports de domination qu'ils ont acceptés pour règle de vie. Le fric est leur vrai Dieu, ils ne savent plus aimer… Et la sarabande infernale continue. Le rythme s'accélère et le moment de notre destruction se rapproche inexorablement. Ce n'est plus qu'une question de temps avant la fin.

Si seulement nous voulions bien écouter ce que nous souffle notre cœur…

Ceux qui pourraient travailler à l'amélioration de nos sociétés – les « décideurs », comme on dit… – ne lèvent pas le petit doigt. Ceux qui voudraient faire quelque chose pour leurs semblables sont raillés, considérés comme fous. C'est tout de même grave !

Notre cœur est atrophié, voilà le problème ! On n'écoute plus ses sentiments, on néglige le palpitant au profit du ciboulot. On invoque la raison, la norme, la logique… Et la performance ! Il faut aller toujours plus vite, produire plus, prouver qu'on est capable de mieux faire que le voisin, c'est-à-dire de gagner plus d'argent que lui. Du coup, il n'y a plus de place pour le cœur, on n'a plus le temps de s'attendrir. Nous sommes des robots, des esclaves de la technique ! Bientôt ses victimes…

J'ai encore un peu d'espoir. J'ai envie que nous sortions de cette léthargie que nous prenons pour du progrès. J'espère une évolution douce, progressive. À mon âge, on ne croit plus à la révolution, au changement brutal. Non. Je ne suis plus aussi naïf.

Mais je pense encore possible d'amener ce monde à comprendre que l'indifférence est largement aussi dangereuse que le nucléaire.

C'est dramatique de ne plus voir la beauté autour de soi, de ne plus s'arrêter pour regarder un coucher de soleil, de ne plus voir les saisons passer, les fleurs éclore, les feuilles se teinter d'ors à l'approche de l'automne.

C'est terrible de vivre à ce point en dehors de la nature, de n'exister que dans un univers complètement factice où le paraître remplace l'être véritable.

C'est épouvantable d'être si loin de Dieu.

La trace d'une vie

Quand j'étais gosse, j'écrivais des tas de choses sous les écorces des arbres, j'aimais enfouir de faux trésors, des pages couvertes du fruit de mes réflexions, que je mettais dans des boîtes à biscuit en fer-blanc avant de les enterrer. C'était un mélange de *Tom Sawyer* et de *L'Île au trésor*. C'était peut-être pour laisser une trace, casser un peu cette sensation d'isolement : c'était enfantin et sympathique, tellement illusoire ! S'il y a vraiment une trace à laisser, cela ne dépend pas de soi, mais de ce qu'on transmet aux autres et qu'ils veulent bien entendre. Pour ce que l'on fait… non. C'est du vent. Aucun intérêt.

Les portes de l'au-delà

Je sais qu'après la mort il y aura un moment difficile à passer. Ce n'est pas effrayant, c'est intéressant, cela oblige à avoir des ressources, pour accéder à un autre stade. S'il n'y avait rien, ce serait dommage, quand même ! On se débattrait sur Terre pour rien ? On se donnerait tant de mal pour rien ?... Je n'y crois pas. Je pense qu'il faut gagner notre entrée au paradis, ou dans un autre monde. Mais comme je suis très ignorant là-dessus, je n'imagine pas bien ce que peut être ce lieu, ou cette dimension. Cela m'évoque seulement un film de Frank Capra, qui je crois s'appelait *Les Horizons perdus*, dans lequel un petit groupe se perdait dans des montagnes, l'Everest ou l'Himalaya. Ces rescapés découvraient une crevasse donnant sur un monde merveilleux, inaltéré et paisible, une sorte de Shangri-la où personne ne vieillissait ni ne mourait... L'un des héros, miné par la nostalgie, finissait par quitter cet univers parfait pour rentrer chez lui, mais déchantait très vite face à ce qu'il retrouvait *de l'autre côté* : un monde violent, mesquin, agité, injuste. Il comprenait alors la perfection des lieux auxquels il venait de renoncer et tentait de retourner dans cet éden. En vain, car jamais plus il ne devait retrouver le passage miraculeux vers ce monde préservé... Il avait compris trop tard... Cette histoire est très troublante. Je la crois inspirée et proche d'une certaine vérité. Elle me donne à rêver et à concevoir la fin de cette vie en toute sérénité.

Si je me retrouve devant Dieu, qu'est-ce que je pourrai bien lui dire ? « Salut ! » C'est tout. Je n'aurai rien à lui demander, j'essaierai juste de comprendre.

Les saisons de la vie

Les gens ont parfois de drôles d'idées... Tenez, l'autre jour, une journaliste m'a demandé pourquoi je n'avais pas incarné Jésus moi-même dans mes spectacles ! J'ai trouvé cette question complètement dingue ! Jamais je ne me serais permis une chose pareille ! Parce que je suis à des milliers d'années lumière de Lui, bien sûr...

Je peux Le raconter, Le citer, mais je ne me prends pas pour le Messie ! Je peux avoir une vision concernant les paroles des Évangiles et les transmettre, mais je suis incapable de me glisser dans Son personnage. Ah ! non, quelle horreur ! C'est impossible. Je n'ai jamais pensé à m'identifier à Lui, je n'ai toujours eu à l'esprit que la transmission des Évangiles, pour assumer mon rôle d'intermédiaire.

La seule personne que j'ai vraiment eu envie d'interpréter un jour, il y a longtemps, c'est le père de Foucauld. Je me sens bien plus proche de lui. Un soir, il est parti pour le désert, il a renoncé à tout. Une autre saison de sa vie venait de commencer.

Après le printemps vient l'été, période durant laquelle il ne se passe strictement rien. La plupart des gens aiment cette saison de stagnation tranquille. Pas moi. J'attends toujours l'automne, quand les marrons tombent des arbres et éclatent dans leur bogue : l'air est plus vif, le vent balaie les oripeaux devenus inutiles, le dénuement de la nature prépare l'avenir d'une vie nouvelle. L'été, pour les acteurs, c'est une saison morte, on ne joue pas, on répète, on ne profite même pas de la vie. Donc, j'attends patiemment.

L'existence de Dieu

On croit parce qu'on ne sait pas. Il n'existe aucune preuve. Depuis la nuit des temps, nous avons eu besoin du ciel pour nous assumer sur la Terre… Le mystère nous paraît tellement invraisemblable… Pourquoi nous ? Pourquoi avons-nous cette nature ? Qui sommes-nous ?

Je ne peux pas imaginer que l'inspiration de Mozart ou de Beethoven ne soit pas d'origine divine. Toutes les preuves de l'existence de Dieu se trouvent en nous. Je le sens au plus profond de moi-même. Il y a une part de Lui en moi. Je la perçois lorsque je suis en état de création, ou que je ressens une profonde douleur, une nostalgie, quand tout à coup j'aime follement l'humanité, quand elle m'attendrit, quand je suis envahi par un sentiment inexplicable, quand, au cours de certains de mes spectacles, je vois si bien et si clairement les choses… Ou quand je suis submergé par cet inexplicable chagrin qui ne me concerne pas moi-même.

L'illusion morale

C'est au seuil de l'adolescence que j'ai perdu mes illusions sur le sens moral de mes semblables. Jusque-là, je m'étais façonné une morale en Technicolor, toute pétrie d'héroïsme et d'honneur, défendue par des argonautes, des cow-boys ou de sombres détectives. Je m'étais nourri de leurs exploits, de leur équité de pacotille, d'une justice aussi factice que systématique. Je croyais que le bien triomphe chaque fois et que les grands sentiments finissent immanquablement par pousser les âmes méritantes vers la victoire. C'est ce que j'ai appris au cinéma. Je n'étais pas naïf au point de croire que l'existence ressemblait vraiment à ce que je voyais projeté sur la toile des salles obscures, mais je l'espérais.

La réalité s'est chargée de me remettre les pieds sur terre.

Dans l'une des pensions où j'ai vécu s'est déroulé un drame qui m'a enseigné le sort que nous réservons aux plus faibles d'entre nous.

L'entrée de la cour de cet établissement était encadrée par deux grandes colonnes au sommet desquelles trônaient de grosses vasques en ciment. Un jour que nous jouions à chat perché, un de mes petits camarades prénommé Vladimir s'y agrippa et descella l'une des vasques, qui tomba sur sa jambe et la lui écrasa. À l'hôpital, on ne put la lui sauver et il fut décidé de l'amputer. De retour parmi nous, il fut traité comme un véritable héros de roman, accueilli comme le rescapé d'une incroyable épopée. Pendant quelques semaines, nous l'avons dorloté, encensé, protégé, honoré, propulsé au premier rang de nos fantasmes de gamins assoiffés d'émotions fortes.

Passé l'attrait de cette nouveauté, notre attitude changea complètement. Vladimir n'était plus un aventurier malheureux ou le respectable vétéran d'une guerre imaginaire : ce n'était qu'un gamin infirme, différent, dont le handicap nous gênait. Du jour au lendemain, il est devenu indésirable parmi nous. Pire, nous avons fait de lui notre nouveau souffre-douleur. Sa tristesse nous exaspérait et nous poussait à nous acharner sur lui. L'estropié nous encombrait et nous ne nous sommes pas gênés pour le lui dire. Plus personne ne voulait jouer avec lui, on ne lui adressait la parole que pour se moquer de lui ou l'insulter. Nous étions cruels et n'en éprouvions pas la moindre honte. Moi comme les autres.

Désormais, j'étais vacciné contre les grands discours moralistes, bien décidé à ne pas me couler dans le moule préparé pour moi, mais à suivre mes propres valeurs. Celles des autres me semblaient dès lors encore plus factices que tous les grands principes célébrés en Cinémascope…

Le monde des hommes m'apparut alors faussement civilisé ; sous le vernis de la culture et des convenances demeurait un fonds archaïque et brutal privilégiant la loi du plus fort. Une seule vérité subsistait : tout n'était qu'apparences et simulacres.

Bien plus tard, lorsque j'ai découvert les Évangiles, j'ai compris et exorcisé ces vieux démons… J'ai compris que se comporter en être humain requiert beaucoup d'efforts et implique un combat de chaque instant. Pas seulement avec les autres. Surtout avec soi-même.

Manque de courage

J'ai le sentiment d'être parvenu à un tournant de mon existence. Je me demande souvent : et maintenant, que se passe-t-il ? Que dois-je faire de plus ? Pourquoi ?

Je doute que ma vie ait servi à quelque chose, je doute d'avoir fait ce que je devais, je doute d'avoir été utile à quelqu'un d'autre que moi. Et encore.

Qu'ai-je fait de ma vie ? Cela en valait-il la peine ?

La réponse me sera donnée plus tard, peut-être bientôt. *Après*.

J'ai effectivement reçu ce que l'on peut décrire comme des *signes* du ciel, mais le problème, c'est que je n'ai pas toujours le courage de les considérer comme tels... Je serais totalement paniqué si je les interprétais vraiment comme je les ressens ou comme je les entends ! Ce n'est pas de la mégalomanie ni quelque autre trouble mental, passons sur toutes ces conneries qui sont obsolètes pour moi depuis déjà bien des années... Mais le jour où je me déciderai enfin à prendre mon bâton de pèlerin... Merde... Ce sera trop tard, je ne pourrai plus revenir en arrière !

C'est tellement rassurant de se dire que c'est la faute de son imagination, qu'il n'y a rien à tenter... Or, les gens passent, la vie passe... On s'aperçoit que son temps est presque écoulé et qu'on n'a pas eu la force de tenter quelque chose.

Tenter le coup maintenant... Ce serait comme me jeter à l'eau pour sauver quelqu'un alors que je ne sais pas nager. Peut-être ai-je peur de me noyer...

Au moment de mourir, je me sentirai beaucoup plus fautif que n'importe qui d'autre, parce qu'On m'a donné l'occasion d'accomplir quelque chose. Ça ne m'arrange pas !

Je suis harcelé toute la journée par ces pensées... Je continue à vivre et j'entends qu'On m'appelle sans cesse. C'est épuisant ! Ce sera ainsi jusqu'à la fin. Apparemment, je suis lancé sur la dernière ligne droite, mais j'ai encore beaucoup d'énergie et pas trop de cheveux blancs. Je suis étonné d'être debout, de cavaler, de bâfrer et de plaisanter comme si j'avais 20 berges ! Je n'ai pas l'impression d'en avoir terminé avec la vie. Ni avec ma lâcheté... J'ai de l'amertume. Je ne peux m'en prendre qu'à moi-même. On ne peut pas décider d'une carrière, de gagner, mais on peut décider de soi-même, de ce que l'on est. Oui, je suis dur avec moi-même, car j'étais fait pour réussir quelque chose et j'ai aujourd'hui le sentiment terrible d'avoir échoué. J'ai obtenu une position sociale, et après ? Cela ne signifie rien.

Nous sommes coupables de couardise ! Il y a d'autres personnes comme moi, qui savent intimement tout cela, mais ne font rien non plus. Les religieux ne font pas exception. Quelle force perdue ! Les gens sont pourtant prêts à croire, devant l'évidence : il suffit de leur donner de quoi espérer. Mais nul ne s'y risque...

C'est ce manque de courage qui m'obsède et me tourmente toute la journée. Quel gâchis ! Le Christ a essayé de nous sauver. Combien d'autres après lui ?

J'aurais aimé rencontrer l'un d'eux : Padre Pio, cet homme qui portait les stigmates et les cachait en enfilant des gants. Il guérissait et faisait des miracles, ce que l'Église a complètement réfuté : on l'a traîné dans la boue. Il ne s'est pas découragé pour autant. On le dénigrait, mais on se bousculait pour toucher le bas de sa robe !

Et puis il y a des êtres tels que sœur Emmanuelle. Pour eux, c'est une chose définitive, systématique : on se penche sur les blessures, la misère, on essaie de soulager, on colmate, on guérit, on sacrifie sa vie. C'est magnifique ! Y a-t-il quelque chose d'autre ? Non. On attend. Mais on attend quoi, qui ? Un autre messie, un autre candidat à la crucifixion ?

Pour avoir ce courage, il faut aimer les hommes à un point fabuleux. Que l'on croie en Dieu ou pas, nous attendons tous cet amour total et inconditionnel.

Le legs de Descartes

*L*e doute fait partie intégrante de notre patrimoine et de notre culture ! Nous sommes d'invétérés cartésiens, accoutumés à tout remettre en question, à cultiver le doute sous toutes ses formes. C'est souvent une qualité, mais cette attitude nous dessert lorsqu'il s'agit de la foi. Si Dieu était plus tangible, les choses en seraient simplifiées... S'Il devenait présent dans le cœur de chacun d'entre nous, nous serions tellement meilleurs ! À moi aussi, il m'arrive de douter, mais passé cette phase, j'en sors beaucoup plus fort, plus déterminé. Il faut surmonter le doute ! Il suffirait de peu pour que les gens y voient enfin clair et se décident à bouger... Quelques petits miracles... Ah ! si Dieu m'accordait ce pouvoir, si j'avais l'opportunité de faire un tout petit miracle, un seul, les conséquences seraient inestimables, les gens me suivraient tout de suite, ils m'écouteraient vraiment, on pourrait se mettre au boulot tous ensemble... Mais voilà, le doute fait partie intégrante de la foi : il faut transcender. Faire un effort. Merde.

Mauvais temps pour les grenouilles

J'ai horreur des grenouilles de bénitier ! Vous savez, tous ces mecs qui se vantent de croire et se posent en modèles de piété : j'en ai rien à cirer, ils sont si loin de Dieu, ils n'ont probablement même pas envie de connaître la vérité... Moi, je ne veux pas juger les autres, exprimer une opinion sur leur valeur personnelle, je dis seulement que je connais des croyants qui sont loin de Dieu et des incroyants qui sont très près de Lui. Faire le signe de croix en prenant l'air contrit, c'est facile. Réformer son attitude et se mettre au service des autres, c'est plus délicat ! Là encore, ceux qui en montrent le moins sont certainement ceux qui en font le plus...

C'est finalement toujours la même question : l'important n'est pas de croire, l'essentiel est que cette force que nous invoquons, elle, croie en nous... Tout est là.

Mirage

—◆~◆—

A vant Reims, j'ai passé des années à m'enfermer dans le mensonge. À force de fuir l'indigence, je m'emmurais vivant. Je ne songeais qu'à accumuler le fric et les biens matériels sans m'apercevoir que cette quête vaine m'enchaînait à un mode de vie sans intérêt spirituel. Bien plus : je faisais progressivement de plus en plus de compromis. Au lieu de m'envoler vers une destinée hors du commun, j'acceptais de me rogner les ailes... J'étais esclave de mon agenda, de mes relations, du téléphone, des excitants. De la gloire elle-même. Ce miroir aux alouettes m'en évoque un autre.

Un jeudi, quand j'étais gosse, je me suis perdu dans le palais des glaces d'un parc d'attraction. J'errais dans le labyrinthe, je me cognais contre vitres et miroirs comme un oiseau blessé. J'ai fini par me laisser choir à terre, en attendant qu'on veuille bien venir me délivrer. Je m'étais cru plus malin que les autres, peut-être investi de qualités exceptionnelles, capable de trouver mon chemin d'instinct sans me laisser abuser.

Au cœur du piège, je n'ai fait preuve d'aucun talent remarquable. Mon regard s'est laissé abuser par ma propre image, reflétée à l'infini par le mirage. Comme Narcisse, j'ai manqué m'y noyer.

Partir

Je suis très attentif et très attaché à ceux que j'aime. J'aurais le cœur brisé si je devais me séparer d'eux, et pourtant je le ferais si j'en ressentais la nécessité. Si l'appel venu de là-haut devenait par trop impérieux... Oui, je crois que je renoncerais à ce que j'ai construit avec les miens. Avec ou sans chaussures, nu-pieds comme un vagabond, j'abandonnerais tout pour suivre mon destin et servir Dieu. J'ai réellement songé le faire à un moment donné... et je me suis ravisé. Je n'étais certainement pas prêt, ou bien l'appel n'était-il pas assez fort, ni moi assez courageux... Souvent, je continue de m'interroger : où irais-je ? Me suivrait-on ? Me prendrait-on pour un fou ou pour un nouveau gourou ? Partirais-je n'importe quand, même en hiver ? Et j'imagine cet avenir-là. Je suis convaincu qu'il y aurait des gens pour m'écouter et me suivre, mais une question cruciale demeure : ferais-je mieux et davantage que maintenant ? Est-ce bien ce qu'Il attend de moi ?

Il faut toujours se méfier de son imagination. Elle peut faire entendre des chimères.

Mais si je finis par entreprendre ce dernier périple, une chose est certaine, je n'embarquerais pas mes proches. J'irais seul.

On ne doit pas entraîner les autres dans une aventure qui n'est pas la leur, pour une histoire qui ne leur appartiendrait jamais. Ce serait mal, vaniteux, criminel. Et d'ailleurs, comment être certain de faire le bon choix pour autrui quand on n'est même pas convaincu de le faire pour soi-même ?

Pour le salut de mon âme

*L*e salut de son âme, mieux vaut ne pas trop s'en préoccuper ! C'est le boulot de Dieu que de repêcher nos
pauvres âmes malades ! L'égocentrisme spirituel ne me
semble pas très indiqué. Le but n'est pas d'être bon pour
être sauvé, mais d'être bon pour respecter notre nature
profonde, celle des autres et ce pour quoi nous avons été
propulsés ici-bas. Le reste se fera tout seul... Le bien est
la nature profonde des êtres vivants et de l'Univers tout
entier. La vie se crée partout à chaque instant, en dépit de
toutes les difficultés. Le mal est une création typiquement
humaine. C'est une illusion, un effet de notre vanité, une
erreur, une impasse. Le bien est la vérité. Nous devons
apprendre à nous tourner vers cette vérité. Alors, simplement, naturellement, notre âme sera sauve.

Pour parvenir à cela, il ne devrait pas être nécessaire de
se forcer.

Poussière d'étoile

J'ai entendu dire que nous étions faits de la même matière que les étoiles. Les astrophysiciens ont rejoint philosophes et théologiens. Ils ont enfin compris ce qui était écrit depuis deux mille ans et que le bons sens populaire a souvent répété en écho : nous ne sommes que poussière et nous retournerons à la poussière... d'étoile, quand même ! C'est plus joli, ça évoque le scintillement, une magie cosmique, des origines qui plongent leurs racines dans le terreau de l'infini... C'est bien mieux que notre pauvre poussière terrestre... Ce que je veux dire, c'est qu'il faut être conscient de cet état à la fois éphémère et délétère. Nous ne faisons que passer ici-bas. Nous ne sommes que des voyageurs en transit, quelques gouttes d'eau dans l'Univers. C'est pourquoi il faut suivre son propre chemin sans s'occuper du reste, notamment de ce que les autres vont dire ou penser.

J'ai connu l'exode alors que je n'avais qu'une dizaine d'années. J'ai été jeté sur les routes sans savoir où j'allais, j'ai vu des gens blessés, séparés des leurs, j'ai vu des gens souffrir et mourir autour de moi. Impossible d'oublier. Là-dessus s'est forgée ma philosophie de l'existence. J'ai compris que j'étais chez moi partout et nulle part, qu'il fallait suivre le mouvement, ne jamais s'attarder, ne pas croire au grégarisme. S'installer, s'acharner à posséder : on finit par crever à cause de ces illusions ! On s'entre-tue pour des questions de territoire, on assassine pour avoir davantage que le voisin...

Je refuse de m'enraciner, de me laisser bouffer par la cupidité et l'avidité. Et tant pis si ça ne plaît pas... Je me suis toujours fichu des étiquettes qu'on pouvait me coller, je m'en tape depuis l'enfance ! Peut-être aurais-je eu une vie « modèle » si je m'étais inquiété de ma réputation, mais ce n'était pas ma priorité ni mon ambition. Dès l'enfance, j'ai bifurqué, j'ai préféré emprunter des chemins de traverse.

Les vrais vagabonds ont le cœur plein d'amour et de poésie, l'esprit tourné vers la tendresse et la beauté du monde, la prunelle allumée par l'éclat des étoiles qui continue d'éclairer leur âme. Comme eux, je n'ai qu'un idéal : être disponible aux autres, partager leurs émotions. Rester vivant parmi les vivants. Aimer les uns et les autres.

Je n'ai pas été directement à Dieu, je l'ai cherché, craint, attendu, espéré. J'ai cheminé longtemps avant de savoir poser les bonnes questions. Il s'est écoulé bien des années avant que je sache que l'essentiel n'était pas de croire en Lui, mais d'espérer qu'Il veuille bien continuer à croire en nous... Je n'ai pas suivi la route la plus conventionnelle ou la plus normale, je n'ai pas choisi la ligne droite d'un point à l'autre. Sur le plan religieux comme dans les autres domaines, j'ai pris la tangente. Je ne me satisfais pas de ce qu'on pourrait décider ou imaginer pour moi. J'ai fait mes propres expériences, mes parents m'y ont toujours encouragé, et je continue ainsi. Aucun point fixe ne me convient. Aucun port d'attache ne m'a jamais retenu efficacement.

Je pourrais tout quitter, tout recommencer du jour au lendemain. Le confort n'a aucune valeur pour moi. Les attaches affectives ne peuvent m'enchaîner. Je me suis marié à plusieurs reprises. Chaque fois, je procédais au même rituel : je me constituais une grosse bibliothèque, pour m'obliger à rester. Mais le poids de ces bibliothèques n'a jamais su me retenir. Pas suffisant ! Ma femme, Candice, me sait prêt à repartir de zéro. Mais elle m'aime ainsi, elle me comprend, m'aide et m'accompagne. Elle a accepté de cheminer avec moi. Elle sait que je resterai jusqu'au bout un perpétuel errant, lucide et *éveillé*. Ma volonté est intacte, parce que je ne suis pas dépendant des biens matériels. Posséder, convoiter, s'approprier : je ne suis pas phagocyté par de tels désirs. Je m'en fous ! J'ai donc une facilité certaine sur ceux qui ne peuvent pas tout abandonner en trois secondes. Je suis prêt.

Demain, peut-être, partirai-je sur les routes pour colporter la parole de Dieu, pour essayer de réveiller les consciences et de rassembler les hommes de bonne volonté.

Je pourrais le faire parce que rien ne m'en empêche, sinon une hésitation personnelle, mes doutes, ou simplement l'idée que l'on peut s'y prendre autrement pour toucher les gens.

Je n'ai peur ni du dénuement ni du ridicule. Je ne crains ni le jugement d'autrui ni le manque matériel. Je peux perdre mon appartement, on peut m'enlever tous mes meubles, je n'en ai franchement rien à cirer ! Candice ne partage pas cette opinion extrême, elle trouve que lorsqu'on a la responsabilité d'une famille, c'est un raisonnement égoïste… et, de ce point de vue, elle a raison. D'ailleurs, j'ai donné tout ce que j'ai pu à ceux que j'aime.

C'est le désir de posséder qui empoisonne le monde. Posséder, cataloguer, compartimenter… Ainsi forge-t-on ses propres chaînes. Le monde ne pourra être sauvé que si l'on ose les briser. Pour y parvenir, il ne faut pas craindre d'être considéré comme un fou. Tout remettre en question, inlassablement, jusqu'à ce que la prise de conscience s'opère.

Premières prières

Les orages me terrifient. C'est une peur irraisonnée, viscérale, qui me prend aux tripes depuis que je suis gosse. Cette violence du ciel me semble apocalyptique, terriblement prémonitoire... Quand j'étais enfant, je me cachais sous mon lit, je me recroquevillais dans une penderie, sursautant à chaque coup de tonnerre, craignant d'être anéanti par un éclair de feu. Je ne parviens pas à contrôler cette frayeur ; aujourd'hui encore, je sais que la foudre frappe où elle veut, ce qu'elle veut. Comme les animaux, je frémis sous l'orage.

Et surtout, je prie. La première fois que j'ai invoqué Dieu, c'était pour Lui demander d'apaiser son courroux, de m'épargner, de me laisser survivre à ce déchaînement des éléments. Le ciel est pour moi un lieu de mystères qui ne doit pas être profané. J'ai peur en avion. Je redoute les tempêtes. Je n'emprunte jamais les ascenseurs.

Je ne monterai vers Lui qu'une fois ma dernière heure arrivée !

Sainteté

Il faut une vie pour faire un prêtre et quelques instants pour faire un saint.

Pour être curé, faut une vie, des études, de l'instruction, une éducation. Faut trois secondes pour faire un saint ! Les curetons, ils ne sont pas là pour devenir des saints, mais pour conserver leur mémoire, ce qui n'est d'ailleurs déjà pas facile !

Spleen

ette tristesse inexplicable, je sais que je ne m'en débarrasserai jamais. Jamais ! Elle me collera à la peau jusqu'à la fin. Fait chier ! Et ça ne va pas s'améliorant. En fait, je crois qu'à un moment donné on finit par en avoir marre : un film de plus ou de moins, une pièce de plus ou de moins, une journée de plus ou de moins... Tous les êtres avec lesquels je communiquais le plus ont disparu. Je ne peux plus interpeller ceux dont j'aurais besoin, parce qu'ils ne sont plus là. Quant aux nouveaux venus... je suis curieux à chaque nouvelle rencontre, mais je sais que je n'aurai pas le temps de bien connaître cette personne et de partager avec elle.

Quand j'étais gosse, j'étais déjà tenaillé par cette tristesse, je la fuyais en me réfugiant dans mes mondes parallèles. Je biaisais. Puis j'ai été pris dans le tourbillon de la vie, ça m'a occupé. J'étais diverti de ce sentiment non pas de solitude, mais plutôt d'isolement au milieu des autres. Je me tirais. C'est comme une cicatrice toujours ouverte, une plaie à vif. Je m'y suis habitué, finalement. Seulement, c'est pas marrant d'être dans cet état d'extase tous les jours.

Sur la route

Je sais bien que je me dirige quelque part, je ne me trouve pas sur cette route par hasard... Où allons-nous ? C'est une question aussi vieille que le monde, à laquelle personne ne peut encore prétendre donner de réponse. Moi pas plus qu'un autre. Je me dirige vers quelque chose que j'ignore, qui me dépasse et me semble parfois très inquiétant...

La différence entre avant – avant Reims, avant ma nouvelle vie, avant ma prise de conscience – et maintenant, c'est que cette question ne cesse pas de me tourmenter. Lorsque j'étais ignorant, j'étais bien tranquille, engoncé dans le médiocre et le superficiel. C'était beaucoup plus confortable ! Aujourd'hui, plus de faux-fuyant ! Pas d'échappatoire. Que dois-je faire ? À quoi cette vie doit-elle me mener ? Est-ce que j'agis bien ? Je n'en sais foutrement rien ! Je ne suis guidé que par ma conscience, ce qui n'est déjà pas si mal...

J'avance dans le brouillard, sans garde-fou. Il faut pourtant continuer à progresser, sinon cela équivaudrait à me trahir, à Le trahir...

Je crois profondément que nous sommes ici pour un but précis. Nous avons tous quelque chose à accomplir – certains appelleront cela la destinée. Nous sommes à la fois libres de ne pas faire ce pour quoi nous avons été créés et intégrés à une sorte de plan global dont nous ne soupçonnons pas la nature ni l'objet.

Il y a un objectif à atteindre, mais nous sommes parfaitement libres de nous asseoir sur le bord de la route et de renoncer à faire un pas de plus. Dans ce cas, notre âme est perdue, absorbée par le néant.

Moi, je prends le parti de continuer à tracer la route.

Toute notre humanité réside dans ce choix, dans cette tentative éperdue pour arriver quelque part. Le voyage en vaut la peine : c'est le seul moyen de devenir un être plus accompli, plus lucide, plus humain. Pour comprendre, il faut avancer. Puis accepter d'avoir ce long chemin à parcourir.

Le type qui refuse d'aller plus loin, celui qui choisit d'être infidèle à Dieu en préférant perdre son âme, n'est pas un miséreux ou un raté. Non ! C'est celui qui refuse d'utiliser ses talents, son potentiel, et qui préfère tout gâcher. Cela concerne absolument tout le monde, car chacun a quelque chose à offrir en ce bas monde. Un don quelconque, une prédisposition, de la bonté, de la générosité, de l'amour. Il n'y a aucune égalité en la matière, mais c'est sans importance. Il faut faire avec ce que l'on a. Sous peine d'être déchu, au sens spirituel du terme.

Pourquoi cette déchéance ? Allez savoir... Par légèreté, par paresse, par faiblesse. Dans tous les contes, dans toutes les paraboles, les chemins les plus aisés et les plus attrayants mènent à l'enfer. La voie du salut est nécessairement plus ardue, plus accidentée, plus périlleuse. On ne se change pas sans effort. On ne vit pas sans prendre de risques. On ne peut pas se présenter devant Dieu sans connaître ses péchés. On ne devient pas humain sans apprendre l'humilité. La route est longue !

Un ange passe...

Je ne crois pas aux anges (excepté à celui qui surplombe la cathédrale de Reims, je m'en suis expliqué plus haut* : celui-là est particulier) ! Mais alors pas du tout, j'en ai rien à foutre, ils me font chier, les anges ! C'est des statues, c'est allégorique, ça vole... pfff... Rien à voir avec la foi : moi, je vous parle de la foi à partir de quelque chose de matériel. Le Christ, pour moi, c'est un homme – on le voit sous les traits d'un homme, en tout cas. Sainte Thérèse, pareil : ce sont des gens avec qui on pouvait – avec qui on peut – échanger des choses. Mais les anges ! Qu'est-ce que c'est ? Oui, j'ai vu un ange : dans *Sodome et Gomorrhe*, de Giraudoux !

Le fait que Dieu se soit incarné en homme, avec Jésus, pour moi, c'est tout, c'est l'essentiel !

Une religion sans incarnation ne m'intéresse pas. D'ailleurs, moi, je ne m'enquiquine pas dans les églises, pendant la messe, à serrer la paluche des autres : en plus, c'est pas bon pour la santé, on peut se filer des tas de microbes... Ça ne sert à rien. De qui se moque-t-on ? Si à l'église on pouvait demander à l'autre : « Alors, est-ce que ça va ? Où tu en es ? Comment je peux t'aider ? Est-ce que je peux faire quelque chose ? » alors là, oui, je crois que je commencerais à aller à la messe et à discuter dans les églises. Ce serait la représentation du Seigneur, on se substituerait enfin un peu à Lui, on se réincarnerait dans le Christ se penchant sur ceux qui souffrent.

---

* Voir « Ma liberté », p. 36.

Mais la façon dont ça se passe en ce moment, un chef d'entreprise qui serre complaisamment la main à un pauvre type sans le sou pour se donner bonne conscience, ça ne sert à rien, c'est *Les Lumières de la ville* de Chaplin ! Allez, allez, on rigole un bon coup, on se donne des airs de bon Samaritain, et puis la minute d'après, c'est autre chose : foutez-nous ça dehors ! Je n'aime pas cette mascarade...

Vieillir

Je ne sais pas comment expliquer cette espèce d'état de grâce qui m'est accordé : le temps n'a que peu de prise sur moi. Je vieillis, oui, bien sûr, mais très lentement, en conservant toutes mes capacités, toute mon énergie. Je ne me sens pas affaibli ni vulnérable. Impossible de savoir combien de temps cela durera, j'essaie seulement d'en tirer profit autant que je le peux. J'en ai traversé, des épreuves, physiques et spirituelles, qui auraient fort bien pu m'abattre ! Pourtant, je suis toujours là, indéracinable ! Frédéric Dard disait de moi : « Le temps, qui nous alourdit tous, semble donner des ailes à Robert Hossein ! » Je crois absolument à ce que répétait souvent mon père : « C'est la première cinquantaine la plus dure !... » Il savait bien de quoi il en retournait ! Passé ce cap, on constate effectivement que tout va mieux. On n'a plus grand-chose à perdre, alors on prend davantage de risques. Pour atteindre l'objectif fixé, on est prêt à tout. On continue son chemin sans écouter les perfidies des envieux ou des incapables. On se concentre sur l'essentiel.

Arletty, cette femme sublime, avait une manière bien à elle d'exprimer ce privilège de l'âge : « Les choses heureuses ou malheureuses, disait-elle, je m'en moque, c'est comme sur une toile cirée : ça glisse ! » Je suis comme elle. Plus rien n'a vraiment d'importance, que l'avenir, si proche soit-il. Sans cesse il faut que je me projette, que j'élabore des plans, que je visualise mon futur. Moins il me reste de temps, plus ce principe devient vital, et s'accélère. Je n'hésite plus (pour autant que j'aie jamais ressenti de tels atermoiements !) à me lancer dans de vastes projets, à fomenter des spectacles ambitieux... On me taxe parfois de mégalomanie. Conneries ! À 74 berges, je suis trop vieux pour être mégalo ! Ceux qui croient cela n'ont rien compris..

La vieillesse est un don du ciel pour qui sait – et peut physiquement – la vivre dans de bonnes conditions. C'est le moment d'apurer son existence, d'achever ce que l'on doit, de racheter aussi, si nécessaire, les fautes du passé. L'occasion est belle, mais parfois bien délicate à saisir... Pour cette raison, cette période de la vie n'est pas toujours aussi calme qu'on l'imagine.

En ce qui me concerne, vieillir ne m'apporte certainement pas la sérénité.

Je sais que les années me sont désormais comptées. Cela m'effraie et me pousse de l'avant à la fois. Je voudrais faire ce que l'On attend de moi avant d'être rappelé près de Lui. Mais j'ai également peur de n'avoir pas osé accomplir ce que j'aurais dû. J'en suis même convaincu... Pour cette raison, je vis des paniques intérieures comme je n'en ai jamais vécu auparavant...

Visionnaire

Je crois que j'ai parfois été une sorte de visionnaire, un peu en avance sur son temps. On ne peut le devenir qu'en suivant sa conscience, en se mettant à l'écoute des autres. Il faut entendre les appels au secours proférés par les laissés-pour-compte de nos sociétés, par les damnés de la Terre. Il faut entendre le cri muet de ces solitudes sur lesquelles l'indifférence étend sa chape de plomb.

Si l'on ne s'efforce pas de faire ce pas vers autrui, on n'avance pas, on n'arrive nulle part. Vouloir transmettre les Évangiles – par exemple en les mettant en scène, comme je l'ai fait – sans prendre garde, dans notre monde moderne, à la détresse à laquelle le Christ lui-même nous a demandé de répondre n'aurait strictement aucun sens. Malheureusement, rien n'a été résolu. Sinon, le message de Jésus serait obsolète !... Et nous aurions réintégré le paradis terrestre...

Les humanistes ont des siècles d'avance sur leur temps, ils voient les problèmes, décèlent les failles, tentent de remédier à la misère. On ne les écoute pas. Einstein nous avait avertis de tout, il avait dénoncé les dangers qui menaçaient notre époque. En vain. Des êtres tels que lui sentent d'avance ce qui va se produire, les lacunes et les erreurs de leurs contemporains. Même s'ils parviennent à exprimer ces craintes, ce qu'ils auront tenté de mettre en œuvre pour changer le cours des événements sera gâché par des technocrates, des technologues, que sais-je encore... Bref, par tous ces gens qui utilisent si mal les découvertes des autres et qui n'ont aucun sens éthique. Ils ne savent pas mettre le génie de nos savants au service du plus grand nombre, ils sont incapables de travailler au bonheur de l'humanité. Leur angle de vue est si court que le sort de leur prochain leur paraît inconcevable.

Question de choix

Je suis un peu comme un de ces personnages de Dostoïevski, qu'un moment de conscience aiguë force à s'incliner devant la misère humaine... Cela me bouleverse complètement. Ah ! que n'ai-je possédé des milliards et des milliards ! J'aurais pu faire croire que je servais à quelque chose en redistribuant ma fortune ! N'ayant rien, je suis susceptible d'être traité de mégalo dès que je tente quelque chose... Je l'ai entendu un milliard de fois, aujourd'hui, je m'en tape ! Les choses sont devenues trop urgentes pour que je m'arrête à ça !

Le problème le plus crucial en ce qui me concerne, c'est de ne pas agir, sachant parfaitement bien que si je commençais à faire ce qu'il faut, des choses se mettraient certainement en place. J'en suis très conscient.

Il n'y a pas mille manières d'entendre la vérité. Ce n'est pas vrai. On le sait, on le sent au fond de soi. Il n'y a pas plusieurs choix à faire. Il n'y en a qu'un.

En souvenir du diable boiteux

J'ai encore beaucoup d'espoir en l'avenir de l'humanité. Il le faut bien : ne plus avoir d'espoir, c'est con, c'est bête et suicidaire. D'ailleurs, aimer les gens qui appellent au secours, c'est bien et nécessaire. Pourtant, ce n'est pas avec les désespérés qu'on peut changer le monde. On peut résoudre leurs problèmes immédiats, mais rien de plus. Le seul moyen d'évoluer consisterait à établir une logistique avec ceux qui possèdent tout. Il faudrait profiter de ce partage pour aider ceux qui ne pensent qu'à être invités au festin ! C'est ce que j'essaie de mettre en place, à ma petite échelle, avec les quelques personnes, favorisées et généreuses à la fois, que je côtoie.

Je devrais être content de pouvoir faire cette tentative, et d'être là où j'en suis alors que je n'ai même pas le certificat d'études ! Je devrais me réjouir et me détendre. Mais voilà, je continue à gamberger ! Pourquoi continuer à éprouver ces tourments quotidiens, pourquoi vouloir porter toute la misère du monde sur ses épaules ?

Quand j'invite le public à juger les personnages dans mes spectacles interactifs, je leur demande aussi, à la fin de la séance, d'inscrire sur un papier le nom de celui qu'ils pensent vraiment coupable de l'événement qui vient de leur être relaté. Le lendemain, à la fin du spectacle, je lis les « verdicts » les plus drôles au public. Et régulièrement, je trouve inscrit sur ces petits mots : « C'est toi qui es coupable ! Toi, Geoffrey de Peyrac, qui nous empêches de dormir... »

C'est à mourir de rire. Toute mon équipe se marre, et

moi avec. Moi qui me croyais un aigle je ne suis même pas un corbeau ! Ce genre de remarque plutôt gentille vous rappelle un peu à l'ordre... Mais ce n'est pas mal, non plus, d'empêcher les gens de « dormir » !

Si je pouvais réveiller quelques consciences assoupies...

Le diable boiteux que je demeure pourrait quitter ce monde un peu plus serein.

GROUPE CPI

Achevé d'imprimer en décembre 2001 par
BUSSIÈRE CAMEDAN IMPRIMERIES
à Saint-Amand-Montrond (Cher)
N° d'impression : 015613/1.
Dépôt légal : janvier 2002.
Imprimé en France